Kiru Winter
Ame no Ato

Kiru Winter

Ame no Ato

Nach dem Regen

FSC
www.fsc.org

MIX
Papier aus ver-
antwortungsvollen
Quellen
Paper from
responsible sources

FSC® C105338

Bibliografische Information der Deutschen Nationalbibliothek:
Die Deutsche Nationalbibliothek verzeichnet diese
Publikation in der Deutschen Nationalbibliografie;
detaillierte bibliografische Daten sind im Internet
über http://dnb.dnb.de abrufbar.

Lektorat: Silke K. Weiler
Korrektorat: Silke K. Weiler
Cover: lou4kun

Kirschblüten Schmutztitel: Colleen Odell // Pixabay

Herstellung und Verlag: BoD – Books on Demand,
Norderstedt

ISBN: 978-3-7583-7319-0

L achend legt Shin seinen Kopf in den Nacken, sein braunes Haar glänzt im Licht der untergehenden Sonne.

„Das war so komisch, als der uns dieses Plüschtier schenken wollte."

„Wir haben nicht mal offiziell etwas gewonnen", bestätige ich und streiche dem Neko-Kuscheltier in seiner Hand über den Kopf.

Wir schlendern nach Hause. Natürlich begleitet er mich, obwohl ich in einem ganz anderen Teil von Tokyo wohne als er. Und selbstverständlich bezahle ich ihm das Taxi. Mit der Zeit werden wir aber immer langsamer, weil keiner wirklich ankommen will.

Als mein Haus in Sicht ist, blitzt er mich mit seinen goldenen Augen an. „Es war heute wirklich schön mit dir", wispert er lächelnd und zieht mich zu sich heran. Wir bleiben stehen und mein Herz schlägt schneller. Mein Gesicht ist nur wenige Zentimeter von seinem entfernt und ich spüre seinen Atem auf meiner Haut. Er ist ein bisschen größer, also muss ich den Kopf leicht heben, um ihn anzusehen.

„Fand ich auch", murmele ich, während Hitze in meine Wangen schießt. Wir sind schon ein halbes Jahr zusammen und waren zuvor lange befreundet, trotzdem werde ich noch immer nervös, wenn er mir so nah kommt.

„Dann wiederholen wir das, okay?", fragt er in sanftem Ton und legt mir eine Hand auf den Hinterkopf. Ich nicke. Schon beugt er sich vor und haucht mir einen Kuss auf die Lippen. Grinsend zieht er sich zurück, bevor ich überhaupt merke, wie mir geschieht.

Einen Augenblick sehe ich ihn nur verblüfft an, bevor ich mich, ohne groß nachzudenken, auf die Zehenspitzen stelle und die Initiative ergreife. Shin wirkt erst verwirrt, dann erwidert er den zweiten Kuss.

Nach fast einer Minute schubse ich ihn leicht weg und hole keuchend Luft. „Brauchst du eigentlich keinen Sauerstoff, oder warum bist du nicht außer Atem?"

Er kichert. „Ich denke, du musst es einfach öfter tun, um deine Ausdauer auf die Probe zu stellen."

Mein Gesicht wird sofort rot. „Ha ha, sehr witzig", brumme ich und betrete die Fahrbahn. „Ich gehe mal rein, Geld für dein Taxi besorgen." Ein Vorwand, um ein bisschen auf Abstand zu gehen, damit sich mein Herz wieder beruhigt.

„Ich weiß genau, dass das ein Vorwand ist", ruft er mir lachend hinterher.

„Ist es nicht", streite ich ab. „Ich habe echt alles ausgegeben beim Essen. Du verdrückst verdammt viel, darauf war ich nicht vorbereitet."

„Obwohl du mich schon so lange kennst?" Er zieht eine Augenbraue hoch.

Verdammt, das ist ein Argument! Um ehrlich zu sein, habe ich genug Geld dabei und es ist wirklich nur ein Vorwand. Warum weiß er das immer?

„Ja, ja, sei still, Shin", tue ich seinen Einwand im Gehen ab. „Wie viel kostet es nochmal?"

„Ähm, ich glaube ..." Shin macht eine Pause und überlegt, also halte ich inne und drehe mich um. Auf einmal weiten sich Shins Augen. „Yurio, pass auf!", schreit er und streckt eine Hand aus.

Mein Kopf fährt zur Seite und ich blicke direkt in ein Paar gleißend heller Scheinwerfer, die sich auf mich zu bewegen. Mein Herz bleibt stehen und ich bin wie eingefroren. Ich kann mich nicht rühren und das einzige, was mein Gehirn zu der Situation beizutragen hat, ist: „Das war's jetzt".

Meine Sicht verschwimmt, als mich etwas mit voller Wucht frontal trifft und zu Boden schleudert. Ich komme hart auf dem Asphalt auf und mein Kopf schlägt gegen den Bordstein, sodass der Schmerz von dort aus meine Wirbelsäule hinabschießt. Ein Stöhnen entweicht mir und ich hebe benommen die Lider.

Was, zur Hölle, war das?

Unscharfe Lichter blinken vor meinen Augen, erst nach einigen Sekunden ordne ich sie dem Auto zu, das schief auf der Straße zum Stehen gekommen ist. Der Fahrer ist allem Anschein nach ausgestiegen. Er beugt sich über eine Gestalt am Boden, es wirkt, als würde er sie untersuchen.

Wie betäubt rapple ich mich auf und stolpere auf sie zu, während sich mein Herz zu einem kalten Klumpen zusammenzieht und die Arbeit verweigert. Mein Fuß stößt gegen einen Gegenstand, und als ich mich bücke, um ihn aufzuheben, erkenne ich das Katzenplüschtier. Es ist ganz dreckig, trotzdem drücke ich es an meine Brust.

„Shin?", frage ich tonlos.

Der Fahrer sieht auf. Es ist ein Mann mit kurzen schwarzen Haaren und einer runden Brille. Seine Augen sind vor Schock geweitet, seine Stimme bloß ein Krächzen. „Das ging alles so schnell … Plötzlich war er da, und …"

Ich achte nicht auf sein verwirrtes Gemurmel, sondern überwinde die wenigen Schritte, die mich von der Gestalt am Boden trennen, und stürze vor ihr auf die Knie.

Als ich endlich erkenne, wer dort liegt, begreife ich, dass ich es schon viel früher gewusst habe. Shins Augen sind geschlossen, Blut verklebt sein Haar.

„Shin, nein", stammle ich. „Bitte, mach deine Augen auf." Eine Träne rinnt über meine Wange. „Mach schon." Eine weitere folgt und tropft auf sein Gesicht. „Shin!" Meine Stimme klingt immer verzweifelter, während sich der Schmerz in heftigen Wellen in meinem Herzen ausbreitet.

Meine Hände tasten nach seiner. Als ich sie ergreife, ist sie ganz schlaff. Nichts ist mehr übrig von seiner Wärme und Energie. Wieso? Warum geschieht das gerade? Bis eben war doch noch alles gut. Was ist hier los? „Shin, wach auf", wimmere ich. „Komm schon. Lass mich nicht allein."

Ich bemerke kaum, wie mir der Fahrer eine Hand auf die Schulter legt.

„Es tut mir so leid", stößt er in ersticktem Tonfall hervor, hörbar bemüht, nicht in Panik zu verfallen.

Wieder ignoriere ich ihn und breche in haltloses Schluchzen aus, während er sich mit seinem Handy von mir entfernt, um die Polizei oder wen auch immer zu rufen.

Aber das ist mir alles egal – Shin ist weg. Und niemand kann daran etwas ändern. Niemand.

Warum? Warum er? Wieso nicht ich?

Ich stand doch auf der Straße, wieso liegt er dort auf dem Boden und nicht ich?

Tränen rinnen über mein Gesicht und ich kann einfach nicht aufhören zu weinen. Es hat meinen Körper gepackt, rauscht durch ihn hindurch und lässt sich nicht aufhalten.

Wie kann das sein, dass eine Existenz mit einem Mal ausgelöscht wird?

Er hat doch eben noch mit mir gesprochen.

Er kann jetzt nicht einfach tot sein.

Shin muss weiterleben!

Dieser Gedanke setzt sich in meinem Kopf fest und beherrscht mich die nächsten Stunden, Tage, Wochen, Monate. Jahre. Es

braucht mehr als die Polizei, das Krankenhaus, Shins Eltern, um mir zu erklären, was
passiert ist.

Und selbst, wenn ich es endlich verstehe,
werde ich es nie akzeptieren.

Niemals!

KAPITEL EINS

Ein Auge blickt mich aus dem kleinen Handspiegel an. Hellblau mit grauen Sprenkeln. Der dunkelrote Eyeliner, der sich schmal an die Mandelform anpasst, bewirkt einen starken Kontrast. Zu kräftig, um schön zu sein, aber zu schwach, als dass man es als Stil ansehen könnte.

Nein, es sieht aus, als wollte ich, dass Menschen von weitem denken, ich hätte geweint, nur um verwirrt zu sein, wenn sie direkt vor mir stehen. Und ich kann noch nicht einmal sagen, dass es nicht so wäre.

Angestrengt starte ich den Strich am linken Auge, fange direkt über dem Tränenpunkt an, gleite am oberen Rand des Lids entlang, um gegen Ende des unteren Wimpernkranzes aufzuhören. Prüfend betrachte ich mich. Ja, das reicht.

Entschlossen klappe ich den Spiegel zu, lasse ihn in die Tasche gleiten und ziehe an meiner Zigarette, die ich zuvor zwischen die Zähne geklemmt habe. Ich atme aus. Hellgraue Schwaden steigen in den Himmel, der sich über dem Dach der Schule erstreckt.

Bald beginnt der Nachmittagsunterricht. Vielleicht sollte ich dort aufkreuzen.

Seufzend lehne ich mich zurück und schaue, mich mit einem Arm auf dem Boden abstützend, den Wolken zu. Was macht es für einen Unterschied, ob ich erscheine oder nicht? Am Ende bezahlt Kaa-san[1] die Schule sowieso, damit ich bestehe.

Alles ist so vorhersehbar. Nie passiert etwas Neues, Unerwartetes, egal, was ich tue, nichts ändert sich.

Ich verbrenne meine teuren Klamotten und färbe meine Schuluniform schwarz – nichts.

Ich fange eine Schlägerei mit irgendwelchen Typen an – nichts (außer einem Krankenhausaufenthalt für mich und einer Gerichtsverhandlung gegen die Typen, welche diese natürlich verloren).

Ich rauche und trinke mit meinen sechzehn Jahren mehr als dreißigjährige Penner – wieder nichts!

Wenn ich vom Dach der Schule springe, passiert dann auch nichts?

Gedankenversunken will ich noch einen Zug nehmen, als mir plötzlich die Zigarette aus der Hand geschnappt wird. Ich zucke zusammen und fahre zu dem Unbekannten herum, den ich überhaupt nicht gehört habe. Weder, wie er die Tür zum Treppenhaus geöffnet hat, noch seine Schritte. Seine Hand hat mich nicht einmal berührt, als er mir die Zigarette weggenommen hat.

---

1   Mutter bzw. Mama auf Japanisch, eher umgangssprachlicher Ausdruck

Doch jetzt steht er definitiv vor mir. Groß, rotblonde Haare, die im Licht der Sonne schimmern, ein Grinsen auf dem Gesicht.

„Darf ich mal?", fragt er souverän, wartet die Antwort jedoch nicht ab, sondern nimmt einen tiefen Zug – an *meiner* Zigarette. Doch irgendwas stimmt nicht. Er atmet zu lange ein, kann es sein …?

Das Husten, das folgt, bestätigt meine Vermutung. Er hat noch nie geraucht. So ein Idiot. Wer ist das eigentlich? Was treibt er hier? Wurde er von irgendwem geschickt, um mich zu nerven?

„Hey", meine ich. „Brauchst du Hilfe?" Es klingt nicht freundlich, eher abweisend, aber das ist auch der Sinn dahinter.

Der Unbekannte scheint das nicht zu bemerken und nickt nur. Vom Husten hat er Tränen in den Augen. Außerdem steht er nicht mehr aufrecht, sondern stützt sich mit einer Hand auf der erhöhten Begrenzung der Dachfläche ab, auf der ich mich niedergelassen habe.

Ich seufze resigniert, nehme ihm die Zigarette aus der Hand, trete sie aus und lege meine Hand auf seinen Rücken. „Versuch mal, tief ein- und auszuatmen. Vielleicht hilft es auch, wenn du was trinkst." Schnell greife ich nach einer Flasche Soda, die ich mir auf dem Schulweg aus dem Automaten an der Straße geholt habe. „Hier."

„Danke", presst er hervor und befolgt meine Ratschläge. Er schließt die Augen und konzentriert sich aufs Atmen. Sobald es wieder einigermaßen gesund und weniger wie ein Röcheln klingt, setzt er die Flasche an die Lippen und trinkt ein paar kleine Schlucke. Da sich der Husten nicht verschlimmert, werden sie größer, bis die Flasche leer ist.

Na toll, kommt hier hoch, stört die Ruhe, die ich mit meinen depressiven Gedanken ausfüllen konnte, nimmt mir meine Zigarette weg und trinkt mein Wasser.

Ich glaube, ich kann ihn nicht leiden.

Trotzdem frage ich: „Geht's wieder?" Wenn auch abschätzig. Er soll ruhig merken, dass er stört.

„Ja, danke", sagt er, nun wieder mir klarerer Stimme, und richtet sich auf, wobei er die Augen öffnet.

Scheiße, Mann, seine Augen!

Fast wäre ich zurückgewichen. Ist so ein Zufall überhaupt möglich? Wie wahrscheinlich ist es, dass ich zweimal im Leben einen Menschen mit goldenen Augen treffe?

„Tut mir echt leid", murmelt der Unbekannte und reißt mich aus diesen seltsamen Überlegungen. „Das mit deiner Zigarette und dem Getränk. Ich ersetze das, okay?"

Ich rolle mit den Augen. „Musst du nicht. Hau einfach wieder ab und lass mich in Ruhe!" Wollte ich am Anfang schon nichts mit ihm zu tun haben, will ich es jetzt erst recht nicht. Ich will nie wieder – nie, nie wieder solch goldene Augen sehen.

„Bist du sicher?", fragt er zögerlich.

„Ja-ha", untermauere ich meine Aussage

abweisend und drehe ihm den Rücken zu. „Ich bin nicht so arm, dass ich eine Flasche Wasser und eine Zigarette nicht verkrafte, also komm runter." Eigentliche Botschaft: Verzieh dich endlich vom Dach der Schule!

Er sagt nichts mehr. Dafür höre ich wenig später die Tür zum Treppenhaus zufallen. Endlich! So einer hat mir noch gefehlt.

Aber was wollte er eigentlich …?

KAPITEL ZWEI

Am nächsten Tag sitze ich pünktlich zur ersten Stunde im Klassensaal, was nicht an meiner Motivation liegt, sondern daran, dass Kaa-san heute daheim ist und ich deshalb früh das Haus verlassen wollte. Ein bisschen bereue ich meine Entscheidung trotzdem, denn mein Kopf tut verdammt weh und mir ist noch immer schlecht von gestern Abend. Ich habe es wohl etwas übertrieben mit dem Alkohol und jetzt kriege ich alles zurück.

Der Sensei[2] geht durch die Bankreihen und schaut über die Hausaufgaben – natürlich habe ich keine und er läuft nicht einmal an meinem Platz vorbei. Die einzige Aufmerksamkeit, die ich von ihm bekomme, besteht in einem aufgesetzten Lächeln und der Frage, ob ich mich erholt hätte.

Kaa-san erzählt denen immer, ich sei krank. Wir wissen alle, dass es nicht stimmt, trotzdem hält jeder dieses Schauspiel aufrecht. Solange die Schule ihr Geld bekommt, wird sich daran nichts ändern.

---

2   höfliche Anrede für Lehrer, Ärzte usw. in Japan

Mit halb geschlossenen, säuberlich rot gelinten Lidern lehne ich mich mit dem Stuhl zurück, massiere meine Schläfen und lege die Beine auf den Tisch neben mir, an dem wie immer niemand sitzt. Wen wundert es eigentlich noch, dass sich der einzige freie Platz im ganzen Klassenraum neben mir befindet?

Na klar, ich bin ein Sonderfall. Scheißreiche Mutter, versaute Erziehung, ein Verhalten, das jedem Emo Ehre machen würde.

Doch bevor ich meine Augen komplett schließe und versuche, ein bisschen zu dösen, klopft es an der Tür.

„Herein", ruft der Sensei und ein Junge mit rotblonden Haaren tritt ein. Ich sehe ihn durch den winzigen Spalt zwischen meinen Lidern. Fuck! Mit weit aufgerissenen Augen starre ich ihn an, als er sich mit einer Verbeugung für die Verspätung entschuldigt, und mein Kater und die damit einhergehende Müdigkeit scheinen mit einem Mal zu verpuffen. Seine Bahn sei nicht rechtzeitig gekommen, daher würde er gerne länger bleiben und das Klassenzimmer nach dem Unterricht putzen. Der Sensei lächelt zurück, diesmal wirkt es ehrlich, dann weist er mit einem Schulterzucken auf den Platz neben mir und sagt irgendetwas zu dem Unbekannten. Für mich läuft das alles stumm und in Zeitlupe ab. Soll dieser Typ sich jetzt wirklich neben mich setzen?

Er nickt – und bewegt sich tatsächlich auf mich zu. Völlig perplex starre ich ihn an, bis mir einfällt, dass ich seinen Platz versperre. Schnell gleiten meine Beine von seinem Tisch, mein Stuhl kratzt über den Boden, als ich ihn von seinem wegrücke.

„Hi", meint er mit schiefem Grinsen „Wir sehen uns aber schnell wieder."

„Zu schnell", murmele ich undeutlich.

Er zieht eine Augenbraue hoch. „Wie bitte?"

„Nichts", brumme ich und winke ab, dann platziere ich meinen Ellbogen auf der Tischplatte, stütze meinen Kopf darauf, und wende mich von dem seltsamen Jungen ab, dem Fenster zu.

Lange habe ich keine Ruhe, wenig später spüre ich ein Tippen auf meiner Schulter. „Ähm, das ist für dich", erklingt es hinter mir. Ich drehe mich um und blicke verblüfft auf die Flasche Soda auf meinem Tisch. „Wegen gestern", fügt er hinzu. „Ich wollte dir eigentlich auch die Zigarette ersetzen, aber sie haben mir leider keine verkauft. In vier Jahren kann ich dir theoretisch eine besorgen."

Sprachlos blinzele ich ihn an. „Was?" Ich klinge vermutlich, als sei ich schwerhörig. Es liegt jedoch nicht an der Akustik, mehr am Sinn seiner Worte.

„Na ja, dann werde ich zwanzig und kann welche kaufen", erklärt er.

Mit einem Stöhnen schüttele ich den Kopf und sage: „Das brauchst du nicht. Ich habe dir gestern schon gesagt, dass du mir den Kram nicht ersetzen musst. Schon gar nicht in vier Jahren. Vielleicht bin ich dann schon tot, also plan lieber nicht so weit in die Zukunft."

Erst im Nachhinein merke ich, wie mich mein eigener Sarkasmus trifft, und muss schlucken, als ich die Soda trotz allem auf meine Tischhälfte schiebe. Wenn es eines gibt, das ich von Shin gelernt habe, dann, dass man sich auf die Zukunft nicht verlassen kann. Man weiß nie, was sie bringt.

Nicht nur für mich war der Satz ein echter Vibe-Killer, auch der neue Schüler blickt mich nur an, die Unsicherheit aufs Gesicht geschrieben. Einem kleinen Teil von mir tut er sogar leid – wahrscheinlich der Teil, der in seinen goldenen Augen Shins erkennt und daher unbedingt mit dem Unbekannten reden möchte. Oder noch besser: Ihn dazu bringen will, mich für immer anzusehen. Mit diesen verdammten Augen.

Der größte Teil hingegen ist froh darüber, dass er mich nach meiner kleinen Ansprache vermutlich so seltsam findet, dass er nie wieder mit mir spricht. Und dieser Teil ist definitiv der vernünftigere von beiden.

„Also ich hoffe nicht, dass du dann tot bist", erwidert der Neue entgegen meiner Vermutung. „Wenn doch, bringe ich sie an dein Grab, ok?" Er zieht eine Grimasse, um zu verdeutlichen, dass es ein Witz ist, und ich wäre auch fast amüsiert, weil er sich einfach nicht abschütteln lässt.

Wäre da nicht dieses eine Detail.

„Über Gräber macht man keine Witze", informiere ich ihn trocken und fixiere ihn mit meinem Blick. Damit drehe ich mich wieder um und starre aus dem Fenster, während der Sensei irgendetwas über die Taichoo-Ära[3] erzählt. Immerhin hat der Neue so viel Taktgefühl, mich die ganze Stunde über nicht mehr anzusprechen.

---

3   Amtszeit des Tennō Yoshihito im Zeitraum vom 30. Juli 1912 bis zum 25. Dezember 1926 in der Geschichte Japans

KAPITEL DREI

Für einen sechzehnjährigen Schüler der Oberschicht mag ich die abgelegenen Gettos der Stadt vielleicht ein bisschen zu sehr. Die City ist verdammt voll, wie das in den meisten Großstädten Japans der Fall ist. Gerade im Sommer wimmelt es dort bei schönem Wetter von Touristen und ich habe keine Lust auf so viel Gesellschaft.

Daher schlendere ich über eine Mauer, die auf der rechten Seite an ein Haus mit schmutzigem Putz und auf der anderen Seite an eine Art Hof grenzt, den Rucksack mit meinen Schulsachen auf dem Rücken, die Hände in den Taschen meiner Uniform-Hose. Hier war ich schon länger nicht mehr. Bevor ich mich mit diesen Typen angelegt habe, hielt ich mich immer in der Nähe einer bewachsenen Garage am Stadtrand auf. Seit diesem Zwischenfall ist mir nicht mehr besonders danach. Der Krankenhausbesuch hat gereicht, um mir die Lektion zu erteilen, die Konfrontation mit Stärkeren zu meiden. Erst recht, wenn sie in der Überzahl sind.

Wer würde mir schon helfen?

Die Hauswand rechts von mir weicht der

Aussicht auf einen kleinen asphaltierten Platz, der stufenartig zu einem Kanal führt. Soweit ich weiß, gibt es von dort aus keinen Ausweg, außer durch den Kanal oder über die Mauer. Da ich auf ersteres keine Lust habe und für letzteres definitiv zu unsportlich bin, habe ich mich nie dorthin getraut. Links von mir gibt es allerdings eine Art Vorsprung, auf den ich mich nun sinken lasse, den Rücken zur steinernen Wand.

Mit wenigen Handgriffen befreie ich eine Zigarette aus dem Päckchen und klemme sie zwischen die Zähne, während ich nach dem Feuerzeug krame, als ein Bild vor meinen Augen auftaucht: der Neue, vor mir auf dem Boden kniend und hustend, nachdem er einen Zug genommen hat. Plötzlich wird die Stimme, die mir vom Rauchen abrät, ein klein wenig lauter.

Shin würde das nicht wollen, flüstert sie mir zu und für einen Moment verspüre ich den Drang, die Kippe in den leeren Hof vor mir auszuspucken und das Feuerzeug gleich hinterher zu werfen.

Hastig schüttele ich den Kopf und vertreibe diese dummen Gedanken, dann lasse ich das Feuerzeug klicken und zünde mir die Zigarette an. Nach ein paar Zügen sieht die Welt ein bisschen besser aus. Aber nur ein wenig. Mein Körper gewöhnt sich langsam an das Rauchen, schneller, als mir lieb ist. Irgendwie habe ich Angst davor, was passiert, wenn mir Zigaretten und Alkohol nicht mehr reichen. Im Augenblick kann mir das aber egal sein, also denke ich nicht mehr daran. Das ist Zukunft und Zukunft ist unvorhersehbar.

Irgendwann hole ich mein Handy hervor, wische mich durch Social Media, danach stöpsle ich meine Kopfhörer ein, um Musik zu hören, als mich ein Geräusch zusammenzucken lässt. Irgendjemand betritt den kleinen Platz hinter mir. Es hört sich an, als sei er aus großer Höhe gesprungen, auch wenn sich mir nicht erschließt, von woher.

Hastig drücke ich die Kippe aus, damit der Unbekannte keine Rauchschwaden sieht.

Dann spähe ich in Richtung des Platzes, der mittlerweile in sanftes Dämmerlicht getaucht ist. Tatsächlich bewegt sich eine Gestalt über die freie Fläche in Richtung einer Überdachung, die früher vielleicht als Unterstand für Tiere oder Fahrzeuge diente, nun aber verwaist da steht. Der Unbekannte trägt eine Weste mit Kapuze, die er tief ins Gesicht gezogen hat, doch irgendetwas an der Art, wie er sich bewegt, kommt mir bekannt vor.

Scheiße, was, wenn das einer der Typen ist, mit denen ich mich angelegt habe? Groß genug wäre er. Besser, ich verschwinde.

Auch wenn das vermutlich die vernünftigere Entscheidung wäre, starre ich ihm wie gebannt hinterher. Am Unterstand angekommen schiebt er mit geübten Handgriffen ein paar Holzplanken beiseite, die wie zufällig auf einem Haufen an der Wand lehnen. Kurze Zeit später erfahre ich, dass dem nicht so ist, denn der Fremde zieht einige Gegenstände aus einem Hohlraum dahinter hervor: zwei Decken und ein bisschen Geschirr, ein Bündel Kleider und etwas, das aussieht wie Waschmittel. Dazu noch eine große Plastikschüssel. Die Gestalt streckt sich und lässt ihren Rucksack vom Rücken auf den Boden gleiten.

Verwundert sehe ich dem Prozedere zu und mir wird klar, dass es sich um einen Obdachlosen handelt. Ist es nicht unhöflich, wenn ich gewissermaßen seine Privatsphäre störe? Ach, egal, ich war schließlich zuerst hier.

Stimmt, länger als einen Monat kann er dort nicht wohnen.

Schwungvoll zieht er die Kapuze vom Kopf und lässt die Weste zu Boden gleiten. Auch in der Dämmerung kann ich seine rotblonden Haare erkennen. Was, zur Hölle …? Ohne jegliches Zögern folgt seine Uniform-Jacke, aber ich bemerke erst, was ich hier tue, als er sich das weiße Hemd über den Kopf zieht und die Abendsonne die Konturen seines Oberkörpers beleuchtet.

Eine Welle aus Hitze flutet meine Wangen. Ich gehe auf meinem Vorsprung in Deckung. Shit! Was ist mit mir los? Und was um alles in der Welt macht der Neue hier? Ist er etwa … obdachlos?

Aber … das passt alles nicht zusammen. Er sieht so gebildet, ordentlich, sportlich aus und, soweit ich es beurteilen kann, ist er ziemlich gut in der Schule. Außerdem ist das eine teure Privatschule, auf die er geht. Wie hat er das geschafft, wenn er nicht mal ein Zuhause hat?

Eine weitere Frage drängt sich in meinen Kopf: Er ist allein. Ganz allein, abends, in einem Getto in Japan – und zieht sich verdammt nochmal aus. Alter, was stimmt nicht mit ihm? Meine Verwirrung übertönt das aufkommende Mitleid entschieden.

Nach einiger Zeit hebe ich meinen Kopf vorsichtig wieder über die Mauer, bereit, mich sofort zurückzuziehen. Zu meinem Glück ist er diesmal vollständig bekleidet, nicht mit seiner Schuluniform, sondern mit einem schmuddelig wirkenden, an einigen Stellen geflickten Jogginganzug. Sein Haar ist nass und leicht verstrubbelt. Er beugt sich über die Plastikwanne, in der er mit einer Hand etwas umrührt. Erst auf den zweiten Blick erkenne ich, dass er seine Schuluniform wäscht. Deshalb sieht die immer so ordentlich aus.

Dennoch wirkt er gerade viel mehr wie ein Obdachloser. Wenn auch ein sehr reinlicher. Ich bin echt erstaunt, dass er das alles abzieht, nur damit niemand merkt, wie es in Wahrheit um ihn steht. Ich bin mir sicher, die Schule würde ihn unterstützen, wüsste sie davon – falls er in allen Fächern so gut ist wie in denen, die wir heute gemeinsam hatten.

Irgendwie komme ich nicht davon los, ihm zuzuschauen, wie er erst die Uniform wäscht, sie dann zum Trocknen über eine hervorstehende Eisenstange hängt und sich schließlich im Schneidersitz auf dem Boden niederlässt.

Er holt seine Schulsachen hervor und beginnt, die Aufgaben zu machen. Er besitzt nicht mal einen richtigen Arbeitsplatz, trotzdem erledigt er sie ordentlicher als ich – jedenfalls soweit ich das von hier aus erkennen kann. Etwa eine halbe Stunde später ist er fertig und hat zwei Seiten geschrieben. Ich vermute mal für Geschichte, da wie nur in diesem Fach Hausaufgaben aufbekommen haben. Wow!

Sorgfältig packt er alles in seinen Rucksack, den er auf der Decke drapiert, während mir der Gedanke kommt, dass ich gehen sollte. Es ist schon fast dunkel. Der Neue aber stellt eine batteriebetriebene Lampe in der Mitte des Platzes auf und streckt sich abermals. Was hat er denn jetzt vor?

Mit seiner nächsten Tat beantwortet er meine stumme Frage: Schwungvoll springt er in die Luft, wirft sich nach hinten und landet im Handstand auf dem Boden. Er braucht einen Moment, um sein Gleichgewicht zu finden, doch schließlich steht er einigermaßen aufrecht auf seinen Handflächen. Laut atmet er aus, als er die Arme beugt und eine Art Liegestütze ausführt.

Fassungslos starre ich ihn an. Was passiert hier gerade? Trainiert er jetzt auch noch bei seinem Obdachlosenlager!? Immerhin weiß ich nun, warum er so sportlich aussieht.

Mit einem erstickten Stöhnen rutsche ich abermals an meiner Wand hinunter. Über die Mauer kann ich heute Abend nicht mehr nach Hause, also muss ich den Weg über den Hof wählen. Dort bin ich glücklicherweise schon gewesen, daher ist es kein Problem.

Geräuschlos schwinge ich mir meinen Rucksack über den Rücken und mache mich auf den Heimweg. Doch so sehr ich es auch versuche, mir geht dieser Neue nicht aus dem Kopf. Er ist wirklich ein Mysterium.

KAPITEL VIER

Good morning, class", begrüßt uns der Sensei. Es ist Mittwoch, Englisch in den ersten beiden Stunden. Gelangweilt lasse ich mich auf meinen Stuhl fallen, doch für einen Moment streift mein Blick den Neuen. Er sitzt aufrecht da, das Heft vor sich aufgeschlagen, einen Stift in der Hand. Seine Uniform ist frisch gewaschen, wie ich weiß, sein Haar ebenso. Irgendwo muss er Haargel aufgetrieben haben, denn sie können nicht von Natur aus so gut sitzen.

Träge fließt der Unterricht an mir vorbei und ich bekomme nicht viel davon mit. Ich bestehe ja sowieso, warum sollte ich mich bemühen und irgendwas beitragen, was ohnehin falsch ist? Vor allem mit Sprachen komme ich überhaupt nicht zurecht. Die neuen Buchstaben, die Grammatik, das ist alles so seltsam.

Shin wusste das damals, deshalb hat er mir immer geholfen … Aber was nützt es, jetzt noch weiterzumachen? Mit ihm habe ich Wochen gebraucht, um es einigermaßen zu verstehen. Das Vergessen allerdings kostete mich nicht mal einen Tag.

Während wir eine Aufgabe in unserem Buch lösen sollen, gleiten meine Gedanken wieder zu dem Neuen und mir fällt auf, dass ich seinen Namen gar nicht kenne.

„Wie heißt du eigentlich?", lautet daher der erste Satz, den ich an diesem Tag an ihn richte. Er kommt schroffer rüber, als beabsichtigt, fast wie ein Vorwurf, obwohl es eine Frage ist. Aber er denkt wahrscheinlich, ich wäre noch sauer auf ihn wegen des Vorfalls auf dem Dach der Schule. Er weiß ja nichts davon, dass ich ihn vor ein paar Tagen beobachtet habe.

„Oh." Überrascht hebt er den Kopf von seiner Arbeit. „Stimmt, ich habe mich gar nicht vorgestellt, sorry. Ich wollte es eigentlich machen, als ich dich auf dem Dach gesehen habe, aber irgendwie kam es nicht dazu." Er grinst schief, dann ergänzt er: „Jedenfalls, ich heiße Akira Katsuki. Wenn du willst, darfst du mich Akira nennen."

Das werde ich ganz sicher nicht. Der Letzte, den ich beim Vornamen genannt habe, war Shin. Nochmal tue ich das nicht.

„Ok, Katsuki-kun[4]." Ich betone seinen Namen. „Ich bin Yurio Akasaki, du kannst mich Akasaki nennen."

Katsuki-kun nickt, diesmal mit ernstem Gesichtsausdruck. „Alles klar, dann schön, dich kennenzulernen, Akasaki-kun." Er deutet im

---

4   gebräuchliche Anrede für (meist) männliche Jugendliche in Japan, nicht wirklich formell, in Kombination mit dem Nachnamen jedoch wesentlich distanzierter als der Vorname

Sitzen eine leichte Verbeugung an und wendet sich wieder seiner Aufgabe zu. Wenn er irritiert von meinem Verhalten ist, lässt er es sich nicht anmerken. Ist mir auch egal, ich wollte nur seinen Namen wissen und nicht irgendeine Beziehung zu ihm aufbauen.

Die Aufgabe scheint komplex zu sein, denn er hat schon fast eine ganze Seite mit den seltsamen Buchstaben der Engländer gefüllt. Aber ich glaube, dass er eine schöne Handschrift hat, auch wenn ich vermutlich der Letzte bin, der das beurteilen kann.

Ich fange gar nicht erst damit an, sondern bette meinen Kopf auf den gekreuzten Armen und sehe ihm unauffällig beim Schreiben zu. Schnell fährt sein Stift über das Papier und fabriziert Worte, die ich nicht mal ansatzweise verstehe. Es würde auch nichts bringen, es zu versuchen.

„Ähm, Akasaki-kun, brauchst du Hilfe bei der Aufgabe?", fragt er unvermittelt. Er setzt den Stift ab. Während alle anderen noch schreiben, ist er scheinbar bereits fertig.

Misstrauisch sehe ich ihn an. „Nö, wieso?"

Er wirft einen Blick auf mein leeres Blatt. „Weil du noch nicht angefangen hast."

Ich verdrehe die Augen. „Das bringt nichts."

„Aber das weißt du nicht, wenn du es nicht versuchst."

„Doch, ich bestehe sowieso alle Arbeiten."

Seine Augen weiten sich. „Also bist du sehr begabt?" Ihn scheint diese Vorstellung irgendwie glücklich zu machen, daher ist es

Zeit, ihn noch etwas mehr von mir abzuschrecken.

Ich hebe den Kopf und schüttele ihn als Antwort auf seine Frage. Dann lehne ich mich zu ihm vor und flüstere: „Kaa-san besticht die Schule, damit ich nicht durchfalle." Langsam entferne ich mich wieder. Erfreut beobachte ich, wie geschockt er wirkt. Ich muss grinsen, aber es fühlt sich nach einer Grimasse an. „Siehst du?", höre ich mich sagen. „Ich bin ein ganz schön mieser Betrüger, du solltest dich lieber von mir fernhalten." Super, Yurio, du hast es geschafft, jetzt redet er hoffentlich nicht mehr mit dir.

Ich will mich schon von ihm und dem ganzen Unterricht weg- und dafür hin zum Fenster drehen, als seine Hand mit einem Mal auf meiner Schulter landet und mich daran hindert. Mit zusammengekniffenen Augen mustere ich ihn.

„Was denn noch?", fahre ich ihn an.

„Das bringt doch gar nichts", erklärt er in ruhigem Ton. „Dass du dir deine Noten bezahlen lässt. Wenn du mit der Schule fertig bist, musst du gewisse Qualifikationen aufweisen."

Genervt zucke ich mit den Schultern. Lässt der sich denn durch nichts abschütteln? „Und wenn schon. Ich habe dir doch gesagt, ich plane nicht in die Zukunft."

„Trotzdem", beharrt er. „Und nebenbei denke ich nicht, dass du ein Betrüger bist. Für mich klingt es eher so, als tue deine Mutter das ganz von sich aus. Wenn das so ist, hast du nichts damit zu tun, also mach dich nicht selbst runter." Diese verdammten bernsteinfarbenen Augen bohren sich in mich wie goldene Laser und ich habe das Gefühl, keine Luft zu bekommen.

„Und was soll ich deiner Meinung nach tun?", stöhne ich resigniert.

Verblüfft sieht er mich an, so als habe er nicht so schnell mit meiner Kapitulation gerechnet. Er kann schließlich nicht wissen, wie sich seine blöden Augen auf mich auswirken.

„Na ja", meint er nachdenklich. „Du könntest dir Nachhilfe suchen."

Ich schnaube. „Und wer, bitteschön, soll mir Nachhilfe geben? Falls du es nicht bemerkt hast, tut die gesamte Klasse ihr Bestes, mich zu ignorieren."

„Ich könnte dir Nachhilfe geben", sagt er, ohne auf meine Bemerkung einzugehen.

Jetzt bin ich es, der ihn verwundert anschaut. „Du?" Ich grinse. „Denkst du wirklich, dass du so gut bist?"

Das scheint gesessen zu haben, denn er wird ein bisschen rot – scheiße, wenn das nicht so süß an ihm aussehen würde, könnte ich meinen Triumph etwas mehr feiern. Die Antwort braucht Zeit, um seinen Mund zu verlassen. „Vielleicht … ja, kann sein. Jedenfalls biete ich dir meine Hilfe an. Ob du sie annimmst, ist deine Sache."

Gut, da hat er recht. Irgendwie habe ich es gerade so gedreht, als wollte er etwas von mir, obwohl es eigentlich anders herum sein sollte. Wobei … vielleicht will er ja tatsächlich etwas von mir, was ich in seiner Lage sogar nachvollziehen könnte.

„Und wie viel willst du dafür haben?", frage ich mit schief gelegtem Kopf.

Er lächelt, als er erkennt, dass ich dabei bin einzulenken. „Das können wir gerne nach einer Probestunde entscheiden."

Fast hätte ich die Augenbrauen hochgezogen. Er verbirgt sehr gut, dass er Geld bitter nötig hat. Er lässt sich nichts schenken, das muss man ihm lassen.

„Na gut", gebe ich nach, „aber ich kann dir auch schon was nach dem Probeunterricht geben, ist kein Problem. Ich meine, ob Kaasan jetzt die Schule oder dich bezahlt, ist ihr vermutlich herzlich egal." Eine Sache fehlt aber noch. „Wo sollen wir uns treffen? Bei mir oder bei dir?" Ich weiß zwar, dass er mich unmöglich zu sich Nachhause einladen wird, dennoch interessiert mich, wie er sich herausreden will.

„Geht es bei dir Zuhause?", fragt er sogleich.

Ha! Wer hätte es gedacht? „Klar. Aber normalerweise ist es doch anders herum."

Er verzieht das Gesicht zu einer Grimasse. „Bei mir gibt es zurzeit Probleme. Meine Schwester ist krank und meine Eltern machen deswegen sehr viel Stress."

„Du hast eine Schwester?"

Er nickt. „Sie ist zwei Jahre jünger als ich und hat ein schwaches Immunsystem, daher geht es ihr oft nicht gut. Und ich denke, zum Konzentrieren braucht man Ruhe, oder?"

35

„Stimmt", murmele ich und bewundere seine perfekten Lügen. Wie oft hat er sie schon erzählt, weil er nicht wollte, dass seine schwierige Lage ans Tageslicht kommt? „Dann heute Nachmittag nach der Schule bei mir?", frage ich. „Kaa-san ist nicht da, wir sind ungestört."

Katsuki-kun stimmt gerade zu, als die Zeit für die Schreibaufgabe beendet ist. Ich weiß nicht wieso, aber irgendwie drifte ich den Rest der Stunde nicht mit den Gedanken ab, sondern versuche, etwas zu verstehen.

KAPITEL FÜNF

W ow, Akasaki-kun, dein Garten ist ja riesig", staunt Katsuki-kun, als wir die kleine Brücke in unserem Vorgarten passieren, die über den Teich mit Koi-Karpfen führt. „Dein Haus ebenfalls. Das sieht wirklich krass aus."

„Äh, ja", erwidere ich unsicher und krame nach meinem Schlüssel, während wir die Stufen zur Eingangstür hinaufsteigen. So wirklich denke ich nie darüber nach, dass ich praktisch in einer Villa wohne, da ich mich, wenn ich mal da bin, lieber in meinem Zimmer verschanze.

Ich schließe die Tür auf. „Komm rein."

Er bestaunt wirklich alles, die Tatami-Matten[5] im Eingangsbereich, die kunstvoll verzierte Fusuma[6] zur Küche, den Marmorboden im Treppenhaus und die maßge-

---

5   Dämmende und dämpfende Matten aus Reisstroh (Igusa), besonders hochwertige und teure Exemplare bestehen meist aus handgewebter Igusa und weisen bspw. Stickereien mit aufwändigen Mustern auf. Man findet sie oft in traditionell japanisch eingerichteten Räumen.

6   japanische Schiebetür, kann ebenfalls Verzierungen etc. aufweisen

fertigten Kirschholz-Regale in der Bibliothek, einem Raum, den niemand benutzt und der nur existiert, weil das zu einer protzigen Villa gehört. Mit Ausnahme von heute, denn ich habe ihn als Platz für unseren Unterricht auserkoren.

Überraschenderweise findet Katsuki-kun direkt die Englischbücher, die wir brauchen, um Grundlagen zu wiederholen. Wir sitzen nebeneinander vor dem Knietisch auf ein paar Kissen und er fängt an, mir den Stoff zu erklären, den wir in der Schule durchgenommen haben. Er ist geduldig, vielleicht sogar geduldiger, als Shin es gewesen ist. Auch als ich zum dritten Mal frage, wie man das Present Perfect bildet, reagiert er nicht genervt, sondern versucht, es mit mir zusammen herzuleiten. Das gelingt nicht immer und als die Sonne untergeht habe ich unverändert Probleme mit der richtigen Satzstruktur.

„Sag mal: Er hat einen Stift", fordert mich Katsuki-kun auf.

Ich atme tief durch, dann sage ich stockend: „He a pen has."

Er schmunzelt. „Nicht ganz. Die Vokabeln sind richtig, du hast sogar das Verb konjugiert, aber es steht immer noch nicht am Ende des Satzes."

Ich rolle mit den Augen. „Das ist so anders als im Japanischen, warum machen die das?" Erneut versuche ich es: „He has a pen?"

Katsuki-kun nickt. „Well done, Yurio." Als er meinen Namen ausspricht, zucke ich zusammen. Habe ich ihm nicht gesagt, er soll das lassen? Auch Katsuki-kun scheint es zu bemerken, denn er ergänzt hastig: „Tut mir leid, ich meine Akasaki-kun. Im Englischen benutzen sie den Vornamen und haben auch keine Anhängsel."

Daran kann ich mich dunkel erinnern, dennoch meine ich: „Dann sind die eben komisch."

Katsuki-kun erwidert daraufhin nichts mehr und eine unbehagliche, distanzierte Stille breitet sich zwischen uns aus, die auch nicht verschwindet, als er seine Sachen zusammenpackt und ich ihn zum Ausgang begleite.

„Dann gehe ich mal", murmelt er. „Ich hoffe, es hat dir etwas geholfen?"

Ich nicke. „Ja – warte mal." Schnell haste ich zurück in die Bibliothek, krame in meinem Rucksack und hole 8.000 Yen heraus, die ich eigentlich dabei habe, um diesen Oberstufenschüler zu bezahlen, der mir Zigaretten und Alkohol besorgt. Heute wird es wohl anders verwendet. Danach mache ich noch einen kurzen Abstecher in die Küche, wobei ich an einem verwirrten Katsuki-kun vorbeirennen muss, der sich womöglich fragt, weshalb ich wie ein Verrückter mein Haus durchsuche. Endlich bin ich fertig und stehe schwer atmend vor ihm. „Hier", keuche ich und strecke ihm das Geld und ein scharfes Hühnchen-Fertiggericht hin, das wir im Kühlschrank haben, da Kaa-san fast nie kocht. „Das ist für dich."

Erstaunt starrt er beides an. „Ähm, Akasaki-kun, du musst mir nichts geben."

„Lass das meine Sache sein", winke ich ab. „Du hast mir heute wirklich geholfen, also will ich dich auch dafür bezahlen." Mit Blick auf das Essen füge ich hinzu: „Ähm, und das ist auch für dich, weil deine Eltern ja wenig Zeit haben. Vielleicht hilft das, weil … du jetzt nicht mehr extra etwas kochen musst." In diesem Moment ist es schwer, nicht die Wahrheit zu sagen, obwohl ich sonst wie gedruckt lüge.

„Bist du sicher? Ich meine, das ist schon viel Geld", startet er einen letzten Versuch, den ich gekonnt übergehe.

Ich drücke ihm beides einfach in die Hand, dann flüstere ich: „Vielleicht war mir die Zeit mit dir ja so viel wert." Ein leichter Hauch von Rot erscheint auf seinen Wangen und mein Herz setzt einen Schlag aus. Hastig schiebe ich ihn Richtung Tür. „Aber du musst jetzt bestimmt gehen, deine Schwester wartet auf dich. Bis morgen."

Er grinst, winkt und verschwindet nach draußen. Sobald sich die Tür schließt, atme ich tief aus und fasse mir an meine glühenden Wangen. Verdammt, was war das gerade? Wieso, zur Hölle, habe ich das gesagt? Warum hat er nichts darauf erwidert, einen Witz gemacht, oder so? Und weshalb reagiere ich so?

KAPITEL SECHS

Ich hätte es nicht für möglich gehalten, aber eine Woche später schaffe ich ein B[7] in einem Englisch-Test, nachdem ich Katsuki-kun noch vier Mal getroffen habe. Auch danach besucht er mich oft. Ab und zu überrede ich ihn dazu, bei mir zu Abend zu essen. Ich kann mir schließlich denken, dass es schwer ist, draußen etwas warm zu machen.

Nach seiner „Schwester" habe ich nicht mehr gefragt, auch wenn es ihr so langsam mal besser gehen müsste. Oder schlechter, was weiß ich. Er scheint erleichtert darüber zu sein und spricht das Thema von sich aus nie an. Höchstens wenn er versucht, mir weiszumachen, dass er ein Abendessen von seinen Eltern bekäme. Die Tatsache, dass er nach einiger Zeit immer nachgibt, untermauert, dass er nichts bekommt. Ich frage mich, ob er überhaupt Eltern hat ...

So schnell, wie er mich zum Lernen überredet hat, sind auch die fünf Wochen bis zu den Halbjahresprüfungen vergangen. Mein Englisch ist bei weitem nicht flüssig, aber gut

---

7   Eine 2 im japanischen Schulnotensystem.

genug, um auf legale Weise zu bestehen. Auf Katsuki-kuns Drängen hin habe ich Kaa-san überredet, dass sie für diese Prüfung nicht bezahlen soll. Wenn ich durchfalle, starte ich in den Ferien einen zweiten Versuch.

In diesen Wochen ist noch etwas anderes geschehen – oder eben nicht. Ich habe kaum noch geraucht, zumindest nicht in hohem Maße. Auch der Konsum von Alkohol hat sich verringert. Daran ist ebenfalls Katsuki-kun beteiligt, selbst wenn er es nicht weiß, denn er bekommt mein gesamtes Geld, das ich normalerweise dafür ausgebe. Ganz darauf verzichten kann ich nicht, weil mein Körper gelegentlich danach verlangt, aber ich habe es deutlich reduziert.

Mit Katsuki-kun haben in den vergangenen Wochen Veränderungen in mein Leben Einzug eingehalten, bei denen ich mir nicht sicher bin, ob sie mir gefallen. Ich darf weder die Schule schwänzen noch im Unterricht schlafen. Das soll ich gefälligst zu Hause machen. So jedenfalls habe ich mitbekommen, dass ich immer noch ganz gut in Mathe bin, obwohl ich lange nicht aufgepasst habe. Auch hat er mich dazu überredet, mir eine neue Schuluniform zu kaufen. Wenn ich schon nicht die weiß-blaue der Schule an-ziehen will, könne ich mir eine schwarze kaufen, ich solle aber nicht in so was (er meinte damit meine ausgefranste, sehr un-professionell gefärbte Uniform) herumlaufen. Widerwillig gab ich nach. Ich sage es nicht gerne, aber die neue ist wirklich … schön. Hat

er gut ausgesucht. Noch ist aber nichts entschieden. Morgen finden erst die Halbjahresprüfungen statt. Würde ich sie bestehen,
wäre ich nach zwei Jahren endlich wieder
von selbst weitergekommen.

„Einen Satz noch", fordert mich Katsuki-kun auf, obwohl ich ihn schon seit einer
halben Stunde frage, wann wir aufhören.
Wegen der morgigen Prüfungen macht er
extra lang. Das verstehe ich, aber da er noch
hier isst, hoffe ich, dass wir bald fertig sind.
Ich will nicht, dass er Kaa-san begegnet …

„Na gut", gebe ich nach. „Dann los." Gerade
wiederholen wir Simple Past vs. Past Pro-
gressive. Nicht mein Lieblingsthema.

„Übersetze: Ich war dabei, in meinem
Zimmer zu lesen, als auf einmal meine Katze
hineinrannte!"

Gut, das kann ich. Auf Zeit achten, Satz-
stellung, keine Partikeln, dann schaffe ich
alles. „I was reading in my room, when sud-
denly … my cat ran in?"

„Yes, that's perfect", lobt mich Katsuki-kun.
„Ich glaube so langsam, du schaffst das
morgen."

Mit gespielter Empörung frage ich: „Dachtest du das am Anfang nicht?"

Er grinst. „Höfliche oder ehrliche Antwort?"

Ich rolle mit den Augen und stehe auf, ohne
auf seine Frage einzugehen. „Bleibst du
wieder zum Abendessen?"

„Wenn ich darf."

„Klar, sonst würde ich dich wohl kaum
fragen", erwidere ich und bin schon auf dem

Weg in die Küche. Katsuki-kun folgt mir und ich werfe schnell einen Blick auf die Uhr. 20:45. Scheiße. In zwanzig Minuten kommt Kaa-san, aber ich will ihm auch nicht absagen, weil er sonst nichts bekommt und – seit wann kümmere ich mich eigentlich so um ihn? Ach egal, wir schaffen das schon.

„Warte kurz", weise ich ihn an und verschwinde in der Küche. Ich weiß gar nicht, was wir noch da haben. Hoffentlich kann ich ihm nicht nur ein Moji anbieten. Ein Blick in den Kühlschrank verrät mir, dass Kaa-san Sushi bestellt hat. Wann genau, weiß ich nicht, vielleicht heute Morgen, als ich in der Schule war. Da nicht dabeisteht, dass ich es nicht anrühren soll, gehe ich davon aus, es ist für mich, auch wenn es sich um eine ganze Platte handelt. Zwei Wochen zuvor hat Kaa-san verwundert angemerkt, dass ich zurzeit viel esse, was ich nur mit einem „Muss noch wachsen" quittiert habe. Zum Glück hat sie nicht nachgefragt, bestellt seitdem aber meistens mehr.

Erleichtert trage ich das Tablett ins Esszimmer und stelle es auf dem großen, ovalen Knietisch ab. „Du kannst kommen, Katsuki-kun", rufe ich, während ich Teller, Schüsseln für Ingwer, Sojasoße und Wasabi sowie Stäbchen aus einem Schrank hole.

„Wow, Sushi." Er kniet sich neben mich. Wir verbeugen uns wie üblich, dann wendet er sich an mich und meint: „Vielen Dank, dass ich bei dir essen darf."

Mit einer Handbewegung tue ich das ab.

„Ist nicht der Rede wert. Wenn du nicht da wärst, würden wir das später wegwerfen, also bedien dich." Ich mag es nicht, wenn er mich mit seinen goldenen Augen so direkt ansieht und dabei solche Sachen sagt.

Er grinst und schnappt sich ein Uramaki-Röllchen[8]. Während wir essen, fällt mir auf, dass er Wasabi bevorzugt, die Sojasoße hingegen nicht anrührt. Ich wundere mich, wie er so viel Wasabi verträgt. Mir ist schon eine Messerspitze zu scharf.

„Und, bist du aufgeregt wegen der Prüfungen morgen?", fragt er.

Ich zucke mit den Schultern. „Kommt auf das Fach an. In Mathe ehrlich gesagt nicht sonderlich. Geschichte ... na ja, das wird auch irgendwie. Nur vor Englisch ..."

„Hey, das haben wir doch die ganze Zeit geübt!"

Ich nicke. „Deshalb ja", meine ich grinsend. „Wenn ich verkacke, stehst du als schlechter Lehrer da und das wäre schädlich für deinen Ruf, oder?"

„Meinen Ruf?", fragt er belustigt. „Keine Sorge, für mich kommst nur du infrage. Das heißt, du bist sowieso der einzige Kunde, der abspringen könnte."

Schnell stopfe ich mir noch mehr Sushi in den Mund, um nicht antworten zu müssen. Das hasse ich fast noch mehr als seine Augen: Diese Bemerkungen, die er ab und zu

---

8 Auch Inside-Out Sushi oder California Roll; Sushi, bei dem der Reis außen ist und das Noriblatt innerhalb der Sushirolle, umhüllt ist das Ganze von Sesam.

fallen lässt und in die ich immer so viel hineininterpretiere. Aber er meint sie wahrscheinlich gar nicht so. Er denkt sich bestimmt nichts dabei und weiß auch nicht, dass ich schon mit einem Jungen zusammen war.

„Wie findest du eigentlich das Essen?", lenke ich schnell vom Thema ab.

Seine Antwort wird vom Klicken eines Schlüssels im Schloss unterbrochen. Die Haustür geht auf, fällt wieder zu und in mir breitet sich glühende Panik aus. Verdammt, meine Mutter ist da. Ist es schon so spät? Katsuki-kun wirft mir einen fragenden Blick zu, wahrscheinlich weil mein Gesicht soeben weiß wie die Wand wird. Ich bete, dass sie einfach in ihrem Zimmer verschwindet und nicht hier hereinschneit.

Meine Bitte wird nicht erhört.

Langsam öffnet sich die Schiebetür zum Esszimmer. Kaa-san tritt mit müdem Gesichtsausdruck und dem Handy in der Hand ein und lässt ihre Tasche auf einen Abstelltisch fallen. Ihre dunklen Haare, die meinen so ähnlich sehen, sind zu einem unordentlichen Knoten gebunden und gerade als Katsuki-kun sich umdreht, sieht sie von ihrem Smartphone auf.

„Oh, Yurio, du hast Besuch?", fragt sie in verwundert-gelangweiltem Ton, lässt ihren Blick erst über das Sushi gleiten und bleibt dann an Katsuki-kun hängen, den sie beiläufig mustert. „Bandelst du jetzt etwa mit jemand Neuem an?" Der sarkastische Unterton sticht mich wie ein Messer. „Na, wenn es ein Ersatz für Shin ist, dann nervst du wenigstens nicht mehr seinetwegen. Viel Spaß noch, euch beiden." Damit ist sie weg.

Mit wenigen Worten hat sie alles, was ich über die letzten Wochen zu vergessen versucht habe, wieder aufgewirbelt. Shin. Seine Augen, wie sie mich liebevoll angesehen haben. Und dann, wie er sie weit aufgerissen hat, als das Auto auf mich zuraste. Es fühlt sich an, als zöge sich eine Schlinge um meinen Hals zu. Ich kann nicht atmen, kann nicht denken. Ich will weinen, weglaufen.

Ich hätte an seiner Stelle sterben sollen.

So lange habe ich diesen Satz nicht mehr gehört, ihn nicht mehr gedacht. Jetzt ist er wieder da. Alles ist wieder da. Und ich weiß nicht, was ich tun soll.

„Ähm, Akasaki-kun, was meinte deine Mutter damit?", fragt Katsuki-kun nach einiger Zeit zögerlich und ich erwache aus meiner Trance.

Mein Blick huscht umher, bleibt an irgendwelchen Gegenständen hängen, nur nicht an ihm. Mit ihm ist alles noch komplizierter. Er ist kein Ersatz für Shin! Ich darf niemand anderen an mich heranlassen, außer Shin, sonst wäre das Betrug.

„Sie … sie hat einfach", stammele ich und weiß nicht, wie ich es sagen soll. *Was* ich überhaupt sagen soll. „Da war mal jemand … den ich mochte. Ein Junge. Aber das ist jetzt egal."

Katsuki-kun runzelt die Stirn und ich flehe

ihn stumm an, es einfach auf sich beruhen zu lassen. Natürlich tut er es nicht. Wie soll er denn wissen, was das für mich bedeutet? Ich habe ihm schließlich nichts erzählt. „Was ist denn mit ihm passiert?", fragt er. Sein Ton ist sanft, vorsichtig, trotzdem fühlt sich die Frage wie ein Schlag an.

Tränen schießen in meine Augen, ehe ich es verhindern kann, und trüben meine Sicht. Ich habe so lange nicht mehr darüber geredet. Vielleicht habe ich es noch nie getan. „Er ist nicht mehr da", presse ich hervor und hoffe, dass ich jetzt nicht vor ihm anfange zu heulen. Also bleibe ich still und senke den Blick auf meine Knie.

Katsuki-kun schweigt. Kann er nicht endlich gehen?

Mit einem Mal berührt eine seiner Hände meine Schulter, die andere mein Kinn. Vorsichtig hebt er meinen Kopf an, als eine der Tränen es schafft, über meine Wange zu rinnen. Wie in Trance starre ich in seine Augen. Shins Augen. Er lächelt, ein bisschen aufmunternd, ein bisschen traurig. Und dann kommt er immer näher.

Das nächste, was ich wahrnehme, sind seine Lippen auf meinen. Ich zucke zusammen, kann mich aber nicht bewegen. Es liegt nicht an seinem Griff, sondern daran, dass ich wie erstarrt bin. Was geschieht hier gerade? Der Kuss ist nicht fordernd, eher schüchtern und vorsichtig. Eine unnatürliche Wärme breitet sich in meinem Körper aus, trotzdem würde ich ihn lieber wegstoßen.

Meine Hände finden seinen Oberkörper, aber ich schaffe es nicht, ihn wegzudrücken.

Warum?

Warum kriege ich es nicht hin?

Wieso zögere ich?

Erst als er sich nach einer gefühlten Ewigkeit von mir löst, stoße ich zu. So fest ich kann. Ich weiß nicht mal, woher ich diese Kraft nehme.

„Was zur Hölle tust du da?", fahre ich ihn an und wische mir wütend über die Augen.

Zerknirscht wendet Katsuki-kun den Blick ab. „Ich dachte, du …"

„Weißt du was? Es ist mir scheißegal, was du dachtest. Hau einfach ab!"

„Akasaki-kun, es tut mir -"

„Spar dir das!" Die nächsten Worte verlassen meinen Mund wie Gift, das ich direkt in sein Herz spritze. „Du willst doch nur mein Geld, weil du obdachlos bist! Du brauchst das. Warum solltest du dich sonst mit mir abgeben?" Irgendwo in mir weiß ich, dass das nicht stimmt, aber das ist mir egal. Wenn ich ihn so sehr verletze, dass er für immer verschwindet, komme ich gar nicht dazu, ihn noch näher an mich heranzulassen. Das ist für uns beide das Beste. Die letzten Wochen war ich einfach unvorsichtig.

Seine Augen weiten sich. „Woher weißt du -?"

„Ich hab dich gesehen, du brauchst mich nicht anzulügen. Mir ist klar, dass du mich nur ausnutzen willst."

Was rede ich da für eine Scheiße?

„Das stimmt nicht", murmelt er, steht aber dennoch auf.

„Geh einfach", wispere ich, als eine weitere Träne ihren Weg nach draußen findet. „Bitte."

Wortlos dreht er sich um und verschwindet.

Als die Haustür ins Schloss fällt, zerbricht etwas in mir. Alles, was ich bisher zurückgehalten habe, kann endlich raus.

Ich weine so lange, bis meine Mutter sagt, es störe sie. Dann gehe ich auf mein Zimmer, wo alles von vorne beginnt.

KAPITEL SIEBEN

Ich teile euch jetzt die Blätter aus", ver-
kündet der Sensei und läuft durch die
Reihen, während er jedem einen Stapel
Papiere auf die Bank legt. „Wenn ich das Sig-
nal gebe, dürft ihr sie umdrehen. Ihr habt
sechzig Minuten Zeit, danach sind die Prüfungen für heute beendet." Die letzte Prüfung
für heute: Englisch. Doch ich bin nicht mehr
so aufgeregt wie zuvor. In mir hat sich eine
dumpfe Leere ausgebreitet.

Ich habe mich gestern so unfassbar blöd
verhalten. Aber Katsuki-kun hat mich überrumpelt und ich wusste einfach nicht, wie ich
mit all dem umgehen sollte. Ehrlich gesagt
weiß ich es immer noch nicht.

Heute ist er jedenfalls nicht in der Schule,
obwohl das bedeutet, dass er in den Ferien
die Prüfungen nachschreiben muss.

„Umdrehen", fordert der Sensei, und ich
sehe mir die Blätter an. Trotz meiner emotionalen Verfassung ist mein Gehirn erstaunlich
rational und erkennt sofort die Themen
wieder, die ich mit Katsuki-kun geübt habe.
Ich überfliege alle Seiten und nichts ist unbe-
kannt. Er hat wirklich alles abgedeckt.

Irgendwie schaffe ich es, meine Gedanken eine ganze Stunde lang auszuschalten und nur zu schreiben. Der Sensei beobachtet verwundert, wie mein Stift Zeilen zu Papier bringt, die ich vor etwa einem Monat nicht für möglich gehalten hätte. Aber so richtig freuen kann ich mich darüber nicht. Auch nicht, als die Zeit vorbei ist und ich alles ausfüllen konnte. So gerne würde ich mich jetzt zu Katsuki-kun umdrehen und ihn erleichtert angrinsen, weil wir es geschafft haben, weil jetzt Ferien sind und wir Zeit haben für … ja, was hätte ich mir erhofft, mit ihm zu unternehmen?

Die meisten Schüler jubeln und reden, während ich ganz still meine Sachen zusammenpacke. Nach der Schule muss ich Rai, den Oberstufenschüler, der mir Zigaretten verkauft, nochmal ansprechen. Ich habe extra 16.000 Yen dabei, um ihn zu bezahlen. Das brauche ich jetzt wirklich.

Doch gerade als ich meinen Rucksack schultere, spricht mich der Sensei an: „Akasaki-kun, weißt du zufällig, was mit Katsuki-kun los ist?"

In meinen Adern gefriert das Blut. „Nein, wieso fragen Sie?", erwidere ich, ohne ihm in die Augen zu sehen.

Mit besorgtem Gesichtsausdruck meint er: „Na ja, er hat heute morgen von seinem Handy aus angerufen und gemeint, er müsse wegen familiärer Probleme die Schule verlassen. Seitdem versuchen wir ihn vergeblich zu erreichen. Auch seine alte Schule ist ratlos

und die Nummer, die er für seine Eltern an-
gegeben hat, ist nicht vergeben. Da ihr euch
in letzter Zeit so gut verstanden habt, dachte
ich, dass du vielleicht etwas weißt."

Ich schüttele steif den Kopf. „Nein, er hat
mir nichts gesagt", presse ich hervor. „Ent-
schuldigen Sie mich." Damit renne ich aus
dem Klassensaal. Meine Gedanken rasen,
während ich so schnell wie möglich das
Schulgebäude verlasse.

Wieso will er die Schule wechseln? Er hatte
doch bestimmt ein Stipendium, warum ver-
saut er sich das? All das nur wegen mir? Was
habe ich bloß getan?

Keuchend bleibe ich an der Kreuzung
stehen. Nach rechts geht es zu meinem Haus,
nach links zum Stadtrand. Ich muss das
wieder hinkriegen! Ich muss … scheiße, ich
muss erst einmal wissen, wie ich über ihn
denke. Ich könnte jetzt einfach rechts ab-
biegen, nach Hause, in mein Zimmer und
mich vor Shins Bild auf meinem Schreibtisch
ausheulen. Ich könnte ihm schwören, nie jemand anderen zu mögen. Aber hätte er das
gewollt? Nein!

Ich biege nach links ab.

Ich renne und an mir fliegen die Häuser
vorbei, werden immer heruntergekommener
und dreckiger. Als ich endlich die Mauer er-
reiche, bin ich völlig außer Atem. Dennoch
zwinge ich mich dazu, hochzuklettern und
auf der Mauerkrone bis zum Ende zu balan-
cieren. Sobald ich den Platz am Kanal er-
reiche, öffne ich den Mund, um seinen

Namen zu rufen ... aber von Katsuki-kun entdecke ich keine Spur. Ohne darüber nachzudenken, springe ich von der Mauer und renne zu den Holzplanken, unter denen er seine Habseligkeiten gelagert hat. Nichts ist mehr zu sehen, außer der Plastikwanne, die er wohl zurückgelassen hat. Nein, nein, nein!

„Verdammt", wimmere ich und lasse mich hilflos auf die Knie fallen. Ich weiß nicht mal, wie lange er schon weg ist. Und wo er ist.

Hör auf zu heulen und mach einfach!

Das hat Shin immer gesagt, wenn ich drohte, in Selbstmitleid wegen meiner Eltern zu versinken. Er musste es oft sagen, daher ist mir der Satz so gut in Erinnerung geblieben.

Jetzt passt er irgendwie auch.

Langsam stehe ich auf und sehe mich im Hof um. Vielleicht gibt es ja irgendwelche Hinweise darauf, wo er hin ist. Nein, nichts zu sehen. Egal. Ich gehe auf den Kanal zu. Rechts grenzt die Hauswand direkt ans Wasser, zur linken Seite führt ein schmaler Pfad daran entlang. Wenn er nicht irgendwo hochgesprungen ist, ist er sicherlich dorthin gelaufen. Ich hole tief Luft, dann setze ich einen Fuß auf den glitschigen Stein. Ich schlucke, trotzdem folgt der zweite Fuß wenig später. Ich kann das!

Ich muss es können.

Der Weg ist nicht länger als fünfzig Meter, dafür nass und rutschig. Endlich betrete ich eine kleine Brücke, die zu einer weiteren Gasse auf der anderen Seite des Kanals führt. Vielleicht ist er ja dahin gegangen. Ohne zu zögern, überwinde ich das Wasser und schreite durch die schmale Gasse, die nach rechts abbiegt. Auf einmal finde ich mich in einem quadratischen Hof wieder, der von hohen Mauern umgrenzt ist.

Irgendetwas sagt mir, dass ich hier komplett falsch bin.

„Wer ist das denn?", fragt plötzlich eine herablassende Stimme. Erschrocken fahre ich herum. Neben dem Durchgang lehnt ein Typ mit verschränkten Armen an der Wand, einen seiner dreckigen Stiefel an den Putz gestemmt.

„Kennen wir den nicht?", fragt ein anderer, der genauso unerwartet neben mir auftaucht und mich grob an der Schulter herumreißt.

„Stimmt, Haruka", bestätigt ein Dritter, der neben dem ersten auftaucht. „Ist das nicht der Emo mit der reichen Mutter?"

Fuck! Ich erstarre in Harukas Griff. Das sind die Typen, mit denen ich mich mal angelegt habe, die mich verprügelten und schließlich verurteilt wurden, weil meine Mutter angebliche Zeugen bestochen hatte. Aber waren das nicht vier gewesen?

Der erste Kerl, ich glaube, sein Name ist Ayato, scheint meinen fragenden Ausdruck richtig zu deuten. Er stößt sich von der Wand ab und tritt auf mich zu. Ich will zurückweichen, doch Haruka hält meine Schultern fest.

„Vermisst du etwa Satomi?"

Stimmt, so hieß er.

Ayato packt mein Kinn und sieht mir voller

Hass in die Augen. „Der sitzt noch eine Weile. Freust dich, was?"

Ich bin mir nicht sicher und da er sowieso keine Antwort erwartet, bleibe ich einfach stumm. Dunkel erinnere ich mich daran, dass Satomi ein verdammt langes Zenka[9] hatte.

„Was machen wir nun mit ihm?", fragt der Dritte, der Sakuma sein muss, ein hässliches Lächeln auf dem Gesicht.

„Gute Frage", meint Ayato und lässt mein Kinn sinken. „Ich würde sagen, wir gewähren ihm einfach die Chance nochmal, die er letztes Mal wollte." Er wendet sich an mich. „Du hattest doch solche Lust auf eine Schlägerei. Jetzt gewähren wir dir die Gelegenheit ein zweites Mal, also was sagst du?"

Haruka versetzt mir einen Stoß, sodass ich nach vorn stolpere und auf die Knie falle. Scheiße, jetzt ist alles verloren. Die werden mir die Organe aus dem Leib prügeln und ich kann es ihnen nicht mal verübeln. Nach dem Vorfall sind sie für fast ein Jahr ins Gefängnis gewandert.

Aber so werde ich Katsuki-kun nie finden.

„Was ist jetzt?", fragt Sakuma provokant. „Willst du nicht mehr?"

Ich schüttele den Kopf. „Nein."

Ein Ruck durchfährt mich und ein Schmerz in meinem Rücken folgt. Einer von denen – ich glaube Haruka – hat mich getreten. Mit zusammengebissenen Zähnen stütze ich mich vornübergebeugt ab.

---

9   Entspricht unserem Vorstrafenregister.

„Warum denn?", spuckt Ayato aus. „Damals warst du ganz scharf drauf."

Es ist doch egal, was ich tue, am Ende werden sie mich ohnehin verprügeln. Es gibt keinen Ausweg. Katsuki-kun ist weg und ich kehre zu meinem alten Leben zurück. Eigentlich gehöre ich auf die Straße und Katsuki-kun sollte der mit den reichen Eltern sein. Er ist so zielstrebig und ich …? Ich bin nichts dagegen. Ich bin erbärmlich.

Ich gebe auf.

„Macht, was ihr wollt", murmele ich. „Ist mir egal. Ich habe das alles ohnehin verdient."

„Alter, laber keine Scheiße und steh auf", raunzt Haruka, der den Sinn meiner Worte nicht zu verstehen scheint. Vielleicht will er es auch nicht. Wenn man sich rächen will, kann man so etwas nicht gebrauchen, aber mir ist das egal. Soll er nur machen. Ich bin selbst dran schuld.

Mit einem Ruck zieht er mich auf die Füße, schubst mich abermals. Ich spüre Schläge auf meinen Armen, meinem Oberkörper. Doch ich kauere nur benommen da und mache mir nicht mal die Mühe, mich zu schützen. Es bringt so oder so nichts.

Als mich ein Schlag am Kopf trifft, wird alles schwarz und ich heiße die gefühllose Stille willkommen.

KAPITEL ACHT

Das Erste, was ich spüre, als ich wieder erwache, ist eine Matratze unter meinem Rücken. Direkt darauf folgt ein pochender Schmerz in meinem Kopf, sobald ich die Augen öffne und die Decke eines Krankenhauszimmers erblicke. Meinen Lippen entweicht ein Stöhnen, trotzdem setze ich mich auf.

Wie bin ich hierhergekommen? Das Letzte, an das ich mich erinnere, sind die Kerle, die mich zusammengeschlagen haben. Irgendjemand muss den Krankenwagen gerufen haben.

„Du bist wach", bemerkt eine Stimme, bei deren Klang mein Herz einen Schlag aussetzt, nur um danach mit dreifacher Geschwindigkeit weiterzuschlagen. Geschockt fahre ich herum, was meinen Kopf zu einer erneuten Welle an Schmerzen veranlasst, und tatsächlich sitzt Katsuki-kun neben mir auf einem Stuhl, von dem er sich nun erhebt. „Wie geht es dir?"

„Gut", krächze ich.

„Okay", meint Katsuki-kun. Sein Tonfall drückt keinerlei Emotionen aus, bloß Distanz.

„Dann gehe ich mal und sage den Kranken-schwestern Bescheid, dass du wach bist." Mit diesen Worten wendet er sich ab und läuft auf den Ausgang zu.

Für einen Moment ist mein Körper wie ge-lähmt. Alles geht zu schnell, ich weiß gar nicht, was ich machen soll. Katsuki-kun hat keine Ähnlichkeit mehr mit dem Jungen, den ich kennengelernt habe. Dennoch kann ich nachvollziehen, dass er sauer ist. Vielleicht ist es sogar besser für ihn, wenn er jetzt geht.

Auf einmal legt sich ein Schalter in mir um und mein Körper setzt sich fast wie von al-lein in Bewegung. Ich habe mich genug ver-steckt, genug getrauert, genug gezögert. Jetzt muss ich etwas tun, auch wenn ich weiß, dass es egoistisch ist.

„Warte", sage ich und greife nach seiner Schulter, sobald ich ihn erreicht habe. Vor meinen Augen dreht sich alles, aber ich werde jetzt nicht loslassen.

Er bleibt stehen, mit dem Rücken zu mir. „Wieso?" Ein einziges Wort und doch so schwer.

„Weil … weil es mir leidtut", stoße ich hervor. „Es tut mir so verdammt leid. Ich war gestern wirklich gemein zu dir, aber ich war so … verwirrt." Unter meinem Griff versteift er sich, dennoch will er mich nicht ansehen. „Ich habe das nicht so gemeint. Die Tatsache, dass du obdachlos bist, gegen dich zu ver-wenden, war total daneben. Du wolltest mir nur helfen und ich bin ausgerastet." Meine

Stimme sinkt zu einem Flüstern. „Das war nicht deine Schuld, ich habe nur Angst gehabt, wieder jemanden so nah an mich heranzulassen." Ich weiß zwar schon lange, dass das die Wahrheit ist, dennoch ist es das erste Mal, dass ich sie ausspreche.

Endlich dreht er sich um, sein Blick streift meinen. „Dann tut es mir leid, dass ich dich geküsst habe. Das war auch nicht angebracht", murmelt er. „Ich hatte nur keine Ahnung, was ich tun sollte. Du warst so traurig und ich habe schon so lange gehofft, dich wiederzusehen, also konnte ich mich nicht zurückhalten. Aber das war falsch und ich werde mich in Zukunft von dir fernhalten. Vielleicht weißt du es ja schon, aber ich habe mich offiziell von der Schule abgemeldet. Wenn ich Glück habe, finde ich eine neue weiter weg von hier. Ich bin immerhin sehr mobil."

„Was meinst du damit, du hast so lange gehofft, mich zu treffen?", rutscht es mir heraus.

Ein Hauch von Rot erreicht seine Wangen. „Na ja, wir sind einander schon mal begegnet, nur weißt du das wahrscheinlich nicht mehr. Damals hatte ich noch schwarze Haare und sah auch ganz anders aus. Das ist etwa zwei Jahre her." Normalerweise bin ich es ja, der keinen Blickkontakt halten kann, doch nun schafft er es nicht, mir in die Augen zu sehen.

„W-was ist damals passiert?", stammele ich und suche fieberhaft nach Erinnerungen, doch alles ist irgendwie verschwommen. Vor zwei Jahren war ich mit Shin zusammen, sonst weiß ich nicht mehr viel.

„Das war das Jahr, in dem ich mein Zuhause und meine Familie verloren habe", wispert Katsuki-kun. „Wir haben damals in einem Vorort Tokyos gewohnt. Wegen eines technischen Defekts brannte unser Haus ab. Ich habe als Einziger überlebt und kam, weil ich keine anderen nahen Verwandten hatte, erst mal in eine Notunterkunft. Später sollte ich eigentlich an eine Familie oder ein Heim übergeben werden, doch irgendetwas ging bei der Identifizierung schief und so bin ich auf der Straße gelandet. Ich hatte all meine Hoffnungen verloren und dachte, dass ich keine Existenzberechtigung mehr habe, weil meine Eltern und meine Schwester gestorben sind, nicht ich. Dann bist du mir über den Weg gelaufen. Das war irgendwann im Sommer an einem Nachmittag. Ich saß am Straßenrand und hoffte, dass mir irgendjemand Geld für ein Abendessen gibt. Gleichzeitig traute ich mich nicht, danach zu fragen. Und deshalb hat auch niemand angehalten, außer du und Shin. Ihr wart total freundlich und anders als die anderen Passanten habt ihr mit mir geredet, als wäre ich ganz normal. Du hast mir im Anschluss sogar 5.000 Yen gegeben. Ich war so unsicher, dass ich euch nicht mal angesehen, sondern mich nur ganz leise bedankt habe. Auf einmal hast du mir deinen Geldbeutel zugeworfen und gemeint, ich solle niemals aufgeben, ich würde das schon schaffen. Seitdem habe ich mich angestrengt. Ich habe gelernt, Jobs angenommen und mein Bestes gegeben. Ich habe es sogar über ein weitgehend anonymes Stipendium auf eine Privatschule geschafft, ohne dass meine Lage aufgeflogen ist." Er seufzt und sieht mich an. „Und dort treffe ich dich zwei Jahre später wieder und du bist so anders. Ich hätte dich fast nicht erkannt. Als ich bemerkt habe, wie einsam du bist, wollte ich dir unbedingt zur Seite stehen. Aber ich habe wohl Grenzen überschritten, die ich nicht hätte überschreiten sollen, tut mir leid. Wahrscheinlich erinnerst du dich nicht mal an mich. Das ist nicht schlimm. Ich hoffe nur, dass es dir irgendwann besser geht." Schon wieder klingen seine Worte nach Abschied. Doch mein ganzer Körper sträubt sich dagegen. Mittlerweile bin ich mir sicher: Ich will ihn nicht gehen lassen. Auf keinen Fall. Nicht heute, nicht morgen, am liebsten nie.

„Du hast recht, ich erinnere mich wirklich nicht daran. Aber ... in den letzten Wochen hast du mir so sehr geholfen, wir haben so viel Zeit miteinander verbracht ... und du bist nicht gegangen, obwohl ich so abweisend war." Ich mache eine kurze Pause und die letzten Worte verlangen mir sehr viel ab. „Das war das erste Mal seit Shins Tod, dass ich jemanden zu mir nach Hause eingeladen habe."

Für einen Moment schwebt der Satz in der Luft.

Bis Katsuki-kun flüstert: „Das … das tut mir so leid für dich, dass er gestorben ist."

Ich schüttele sacht den Kopf. „Das muss es nicht. Aber wenn du willst, erzähle ich dir ein bisschen davon." Auf einmal habe ich den Drang, alles herauszulassen. Ich hätte das viel früher tun sollen, vielleicht wäre es mir dann besser gegangen. Andererseits … wem hätte ich es erzählen sollen?

Er scheint meine Lage sofort zu verstehen, denn er stimmt zu und bleibt die ganze Zeit still, während ich rede. Ich erzähle ihm alles, wirklich alles, was sich über die Jahre auf meiner Seele angesammelt hat. Ich beginne bei meinem Vater, der meine Mutter für einen Mann verlassen hat, was der Grund ist, warum sich Kaa-san so abweisend gegenüber gleichgeschlechtlichen Beziehungen – so wie der zwischen Shin und mir – verhält. Ich erzähle, wie Kaa-san jeden Kontakt zu meinem Vater unterbunden hat, obwohl er mir versichert hatte, ich könnte ihn jederzeit wiedersehen. Wie meine Noten immer schlechter wurden, weil ich krampfhaft versuchte, bei allen beliebt und überall dabei zu sein, damit ich nicht allein war, weshalb ich jedoch keine Zeit zum Lernen fand. Wie dann irgendwann herausgekommen war, dass meine Mutter die Schule finanziell massiv unterstützte und ich deswegen nie durchfiel, woraufhin sich alle von mir abwandten. Alle außer Shin. Ich spreche von unserer gemeinsamen Zeit. Wie er mich aufgebaut hat und nicht von meiner Seite gewichen ist. Wie er mir verboten hat, die Unterstützung meiner Mutter anzunehmen, mir beim Lernen half ... und auch wie er irgendwann mehr wurde als nur ein Freund. Die schöne Zeit mit ihm, die seltsamen Blicke der Mitschüler, die mir egal waren, weil ich ja ihn hatte.

Und dann sein Tod.

Ich muss sehr oft stocken, während ich den Moment vor einem Jahr erneut durchlebe und dabei sein Gesicht vor mir sehe. Schließlich berichte ich, wie ich nicht einmal zu seiner Beerdigung kommen durfte, weil seine Eltern mich für seinen Tod verantwortlich machten. Kaa-san hat das damals völlig kalt gelassen, sie hat nie verstanden, wie wichtig mir Shin war.

Erst als meine Worte ersterben, spüre ich die Tränen, die mir ungehemmt über die Wangen fließen. Doch es fühlt sich nicht verzweifelt an, sondern befreiend. So leicht war mein Herz schon lange nicht mehr.

Katsuki-kun ist immer noch stumm und scheint nicht zu wissen, was er sagen soll, daher ergänze ich: „Du bist seit diesem Tag der Erste, der sich um mich gekümmert hat, auch als ich dich loswerden wollte. Du hast es trotzdem versucht und deshalb bin ich dir dankbar, Akira."

Seine goldenen Augen weiten sich. „Ähm, gerne. Yurio."

Ich lächle. „Bitte geh nicht, okay?", spreche ich das aus, was ich schon viel früher hätte sagen sollen. „Ich will, dass du bei mir bleibst.

Vielleicht fangen wir einfach nochmal neu an – als Freunde, ja?"

Erst zögert er und ich habe schon Angst, dass er ablehnt, dann erhellt plötzlich ein Grinsen sein Gesicht. „Alles klar, dann ist das, was ich getan habe, einfach nie passiert, in Ordnung?"

Er klingt erleichtert, dennoch räuspere ich mich und widerspreche: „Äh, also so schlimm war es nicht. Ich meine, es war nur ein Kuss ... jedenfalls, vergessen müssen wir es nicht, nur vielleicht fürs Erste ... hinten anstellen?"

Ich bin mir sicher, dass mein Gesicht gerade verdammt rot ist und Akiras Miene verrät mir, dass ich richtig liege. „Natürlich, damit habe ich kein Problem", raunt er, glücklicherweise wird er aber schnell wieder ernst, sodass es für mich nicht allzu unangenehm wird. „Nur gibt es da leider ein kleines Problem: Ich habe die Schule schon angerufen und mich abgemeldet. Und wegen dieses Vorfalls heute mit den Schlägertypen weiß ich leider nicht, ob diese Gegend noch besonders gut für ein Lager wäre, daher muss ich wohl wegziehen. Aber wir können uns natürlich trotzdem treffen, ich komme dann einfach mit der Bahn oder so ..."

„Ist das nicht teuer?", wende ich skeptisch ein.

Akira zuckt mit den Schultern. „Das schaffe ich schon, mach dir keine Sorgen. Die Zeit mit dir ist es mir wert." Er zwinkert, doch ich ignoriere es geflissentlich.

In meinem Kopf erscheint eine Idee, mit der ich schon seit längerem spiele – genau genommen, seit ich wieder mit meinem Vater Kontakt aufnehmen will. „Ich werde auch umziehen", entfährt es mir daher. Seine darauf folgende Verblüffung kann ich gut nachvollziehen, denn ich bin selbst überrascht von meinem Optimismus. „Zu meinem Vater. Ich denke, das ist besser für mich ... für uns?" Unsicher sehe ich ihn an.

„Was meinst du damit?"

Ich atme tief durch, dann frage ich ihn: „Akira, willst du mit mir zusammen bei meinem Vater einziehen? Also, ich meine, würdest du es wollen, wenn er es erlaubt?" Was rede ich hier eigentlich? Ich habe so lange keinen Kontakt zu meinem Vater gehabt, wie kann ich da sicher sein, dass er mich und dann noch einen Freund aufnimmt? Ich rede wohl gerne, bevor ich nachdenke.

Für einen Augenblick starrt er mich nur an, dann prustet er los und beginnt zu lachen. Sofort werde ich wieder rot, vor allem, als er anmerkt: „Das klang eben wie ein Heiratsantrag, weißt du?"

„Dann halt nicht", brumme ich beleidigt. Wenn er nicht will, dass man ihm hilft, lasse ich es eben. Nicht meine Schuld. Außerdem ist dann wenigstens das Problem vom Tisch, ob es klappt oder nicht ...

„So meine ich das nicht", beschwichtigt er mich, sobald er merkt, wie unangenehm mir die Situation ist. Mit sehr ernstem Gesichtsausdruck nimmt er meine Hand, fixiert mich und das erste Mal glaube ich, einen kleinen Unterschied zwischen seinen und Shins Augen zu erkennen: um seine Pupille zieht sich ein dunkler Ring, den Shin nicht gehabt hat. „Ich nehme das Angebot sehr gerne an, vielen Dank, Yurio. Das bedeutet mir wirklich viel."

„Ja, ja, so dankbar musst du auch wieder nicht sein", erwidere ich unbehaglich. „Zuerst brauche ich sowieso die Nummer meines Vaters. Und dann muss er noch zustimmen. Und Kaa-san auch. Dank mir lieber nicht zu früh, es ist noch nichts entschieden."

Er grinst. „Ich glaube an dich, dass du das schaffst. Aber dann musst du dich ein bisschen mehr in der Schule anstrengen, klar?"

„Hey, das mache ich doch", widerspreche ich. „Ich habe heute alle Aufgaben gelöst, ganz allein."

Ungläubig zieht er die Augenbrauen hoch. „Sicher, dass du niemanden bestochen hast?", fragt er belustigt und handelt sich daraufhin einen leichten Seitenhieb von mir ein. „Jedenfalls", wechselt er das Thema, „solltest du an der neuen Schule mit dem Rauchen und Trinken aufhören."

Ich nicke. „Ich habe sowieso vor, mir deswegen Hilfe zu suchen." Da ich ihm aber unbedingt in irgendeinem Punkt widersprechen und gleichzeitig das Gespräch von diesem ernsten Thema weglocken will, frage ich: „Darf ich wenigstens den Eyeliner behalten?"

Er lacht. „Von mir aus. Der steht dir echt gut, Yurio."

Wieder einmal steigt mir Hitze in die Wangen. „Ähm, danke." Mit Blick zur Tür füge ich hinzu: „Vielleicht solltest du wirklich mal die Krankenschwester rufen. Hoffentlich komme ich schnell wieder aus dem Krankenhaus."

„Klar, ich gehe sie holen", erwidert er.

Ich setze mich auf mein Bett und schaue ihm zu, wie er den Raum verlässt. Mit einem Lächeln lasse ich mich rücklings auf die Matratze gleiten, immer darauf bedacht, möglichst wenig Erschütterungen zu erzeugen.

Ich muss zugeben, mein Leben ist noch weit entfernt davon, perfekt zu sein. Zum Beispiel habe ich keine Ahnung, wo mein Rucksack mit meinen ganzen Schulnotizen nach der Prügelei abgeblieben ist, und außerdem ist da mein Alkohol-Zigaretten-Problem, das ich definitiv in den Griff bekommen muss. Zudem steht nicht mal fest, ob ich es schaffe, Akira mit zu meinem Vater zu nehmen, oder ob ich selbst überhaupt dort wohnen darf. Dennoch wirkt die Welt zum ersten Mal seit Shins Tod nicht mehr ganz so grau.

Wenn er hier wäre, würde er mir jetzt sicherlich eine runterhauen, weil ich ein Jahr meines Lebens mit Trauern verschwendet habe. Doch er ist nicht hier und das habe ich jetzt akzeptiert. Ich werde ihn nie vergessen, aber die Welt hat sich seitdem weiterbewegt und endlich tue ich es auch.

EPILOG

Sachter Regen fällt auf unsere Schirme. Die Frühjahrssonne blitzt durch leichte Wolkenschleier, irgendwo hinter den Bäumen erhebt sich ein Regenbogen über uns. Es ist angenehm warm und die Tropfen perlen auf den Grabsteinen ab, die um uns aus dem Asphalt aufragen.

Yurio sieht auf den Zettel in seiner Hand und biegt in einen mit Platten ausgelegten Gang nach rechts ab. Ich folge ihm, den Schirm in der Hand, und beiße mir auf die Lippe. Die letzten Tage ist er ganz still gewesen und ich habe mich schon gewundert, was mit ihm los war, bis er es mir gestern erzählte: Er hat endlich mit Shins Eltern Kontakt aufgenommen und sie haben ihm seinen Bestattungsort verraten. Nun soll ich mitkommen, das Grab besuchen. Er liegt auf dem Yanaka-Friedhof.

Ich weiß einfach nicht, was ich tun soll. Wie ich mich verhalten soll.

Was ich Yurio sagen soll.

Mit einem Mal bleibt er stehen, sodass ich fast in ihn hineinlaufe. Die Hand, die den Regenschirm hält, verkrampft sich und erst da fällt mir das Grab gegenüber auf. Der Weg gabelt sich nach rechts und links, doch genau vor uns steht ein einsamer Kirschbaum. Gelegentlich fällt eine weiße Blüte auf den Stein darunter.

田中

(Tanaka)

steht in einfacher Druckschrift auf dem bogenförmigen Granit. Shins Familiengrab.

Yurio zittert und ich strecke meine Hand nach seiner Schulter aus, als er sich auch schon in Bewegung setzt. Mit festem Schritt geht er auf das Grab zu, während ich stehen bleibe und ihm hinterherschaue.

Mir ist nicht klar, wieso, aber es fühlt sich ein bisschen an, als verlasse er mich gerade. Obwohl wir in den zwei Jahren, in denen ich nun bei ihm, seinem Vater und dessen Freund Kyotaka in einer der Provinzen um Tokyo lebe, nicht einmal mehr als Freunde geworden sind. Jetzt sind wir beide achtzehn Jahre alt und in wenigen Monaten mit der Schule fertig.

Wie es danach weitergehen soll, weiß ich nicht.

Unschlüssig und von diesen für mich so untypischen Gedanken geplagt, lasse ich meinen Blick über Yurio schweifen und beobachte, wie er direkt vor der steinernen Platte zum Stehen kommt. Er beachtet nichts, was um ihn herum geschieht, sondern lässt seinen Schirm sinken und kniet sich auf den nassen

Boden vor dem Grab, die Hände gefaltet. Ein paar Kirschblütenblätter fallen auf sein dunkles Haar. Unbewusst halte ich die Luft an und es kommt mir vor, als würde die Zeit stillstehen, wie wir hier verharren, wieder so wie am Anfang, in anderen Welten.

Wahrscheinlich kann ich Shin niemals ersetzen, egal, wie sehr ich mich bemühe. Wie sehr ich auch versuche, Yurio beizustehen, ich werde diesen Schmerz nie von ihm nehmen.

Vielleicht sollte ich die Anfrage der Kyoto Daigaku doch annehmen …?

Das Geräusch von Yurios Schuhen lässt mich aus meinen Gedanken hochfahren. Langsam erhebt er sich, den Schirm in der Hand, während sein Haar hoffnungslos von Blättern und Tropfen bedeckt ist.

„Hey, Akira", sagt er plötzlich und ich zucke unwillkürlich zusammen, so als hätte er etwas von meinen Gedanken mitbekommen. „Du kannst ruhig näherkommen. Wenn du willst."

Für einen Moment bin ich zu perplex, doch schon bewegen sich meine Beine wie von selbst, bis ich neben ihm stehe. Erst jetzt fällt mir auf, dass er ein bisschen gewachsen ist. Nicht sonderlich viel, aber er ist nur noch etwa zehn Zentimeter kleiner als ich.

Wir stehen eine ganze Weile lang stumm vor Shins Grab, jeder mit seinen eigenen Gedanken beschäftigt. Auch als Yurio sich abrupt in Bewegung setzt und langsam einen von Kirschbäumen gesäumten Weg entlang schlendert, bleibt die Stille zwischen uns erhalten. Ich folge ihm, auch wenn ich nicht genau weiß, wo er eigentlich hin will.

„Danke, dass du mit mir heute hierhergekommen bist", murmelt er auf einmal, ohne den Blick vom Boden vor seinen Füßen zu heben.

„Ist doch klar", erwidere ich tonlos. Was ist eigentlich mit mir los? Kann es sein, dass ich … eifersüchtig bin? Auf einen Toten? Das ist ja wohl das Allerletzte.

Yurio seufzt. „Akira, ich muss dir was sagen."

Das kommt plötzlich, dennoch frage ich vollkommen ruhig: „Was denn?"

Endlich bleibt er stehen und wendet sich mir zu. Seine blauen Augen treffen die meinen. Seine Stirn ist leicht gerunzelt, so wie immer, wenn ihn etwas beschäftigt. „Ich weiß, dass du eine Anfrage von der Kyoto Daigaku bekommen hast", gesteht er. „Nur um das klarzustellen, es ist nicht so, dass ich in deinen Sachen herumwühle, aber … na ja, dein PC war noch an, als du am Samstag zum Conbini[10] gegangen bist, also wollte ich ihn ausmachen, aber da kam gerade die Mail von der Universität." Sein Blick schweift ab. „Ich habe eigentlich darauf gewartet, dass du es mir erzählst, doch du hast es nicht getan. Ich muss es aber wissen … willst du dort hingehen?"

---

10 Convenience Stores in Japan zum Erwerb von Artikeln für das tägliche Leben und zur Begleichung von Strom- bzw. Telefonrechnungen

Die letzte Frage kommt irgendwie kleinlaut rüber. Auch wenn er scheinbar schon lange darüber nachgegrübelt hat und dringend auf eine Antwort wartet, bin ich völlig überrumpelt und kann ihm diese gerade nicht geben. Ich muss erst einmal den Sinn seiner Worte verarbeiten.

„Ähm, also", stammle ich, vollkommen überfordert. Plötzlich geht mir Yurios Gesicht durch den Kopf, das er gemacht hat, als er den Anruf von Shins Eltern erhalten hat. Diese Sehnsucht in seinen Augen. Und wie er eben neben dem Grab gekniet hat. Vielleicht ist es ganz gut für ihn, eine Pause von mir zu haben. Vielleicht sollte er erst mit der Vergangenheit abschließen, bevor wir uns wiedersehen. Vielleicht sollte ich einfach begreifen, dass das zwischen uns nie etwas werden kann. „Ja, wahrscheinlich schon."

„Dann ziehst du also nach Kyoto?"

Ich nicke. „Das werde ich dann wohl müssen."

Eine unbehagliche Stille breitet sich aus und ich fühle mich einfach schrecklich bei dem, was ich tue, obwohl ich denke, dass es das Beste für uns beide ist. Diese zwei Jahre waren wunderschön, aber mir hätte klar sein müssen, dass es nicht für immer so bleiben kann. Nichts bleibt für immer. Nur dass das Ende so bald kommen muss ...

Yurios Schnauben reißt mich erneut aus meinen Gedanken und ich sehe ihn verwirrt an. „Okay, dann müssen wir uns möglichst schnell um unsere neue Wohnung kümmern.

Die Abschlussprüfungen stehen kurz bevor, wenn wir uns nicht beeilen, finden wir keine mehr, die nahe bei der Uni gelegen ist." Er schaut mich auffordernd an und ein leichtes Grinsen liegt auf seinem Gesicht. Es sieht nach Tatendrang aus.

„U–unsere Wohnung?", frage ich verwirrt.

Er nickt, als sei das selbstverständlich. „Na klar, du denkst doch nicht, ich lasse dich allein nach Kyoto. Nebenbei wollte ich da schon immer mal hin, allein schon wegen der Tempel. Auf die Daigaku schaffe ich es natürlich nicht, aber ich könnte mir eine Uni in der Nähe oder sogar einen Job suchen. Das wird schon." Aufmerksam beobachtet er mich und fügt dann etwas schüchterner hinzu: „Es sei denn, du willst das nicht. Das könnte ich verstehen, immerhin musst du dich auf dein Studium konzentrieren." Mit jedem Satz verliert seine Stimme an Selbstsicherheit. „Da wäre ich dir nur ein Klotz am Bein. Aber wenn du es willst, komme ich natürlich gerne mit."

„Ist das dein Ernst?", entweicht es mir, bevor ich weiter nachdenken kann.

„Es muss ja auch nicht sein, sorry, ich wollte mich nicht aufdrängen." Yurio scheint das Ganze sehr unangenehm zu sein.

Dennoch muss ich lachen. Er sieht süß aus, wenn ihm etwas peinlich ist. „So meinte ich das nicht", erkläre ich. „Ich würde mich freuen, wenn du mit mir nach Kyoto kommst, aber die Frage ist: Willst du das wirklich? Ich meine, du wärst weit weg von deinem Vater und Kyotaka und … na ja, von allem hier." Ich lasse meinen Blick über den Weg schweifen und bleibe kurz an den Gräbern hängen, die gar nicht weit entfernt noch zu sehen sind.

Yurio schüttelt den Kopf. „Das weiß ich doch und ich habe Otoo-san[11] schon gefragt. Er findet es in Ordnung. Unter der Bedingung, dass er uns einmal im Monat besuchen kommen darf. Kyotaka ebenfalls, er will ja sehen, was du für Fortschritte machst." Yurio grinst mir zu. „Und was Shin betrifft", seine Stimme wird wieder ganz ruhig und er wirkt viel älter als sonst, „war das heute eine Art Abschied. Ich habe so lange an den Erinnerungen festgehalten und kam nicht darüber hinweg. Ich wollte es auch gar nicht, weil ich Angst hatte, ihn zu vergessen. Doch jetzt weiß ich, dass ich seinen Tod auch akzeptieren kann, ohne ihn zu vergessen. Shin wird immer ein Teil von mir sein und ich werde mich immer an unsere Zeit erinnern, dennoch geht es für mich weiter und deshalb bin ich bereit dazu ... na ja, denke ich mal", fügt er hinzu und jegliche Ruhe ist aus ihm verschwunden.

Mein Mund verzieht sich zu einem Schmunzeln.

„Hör auf zu lachen, Akira", fährt er mich mit roten Wangen an. „Sag mir lieber, was jetzt los ist: Darf ich mitkommen oder nicht?"

Netterweise lasse ich ihn nicht länger warten und nicke. „Natürlich darfst du mitkommen. Ich meine, wer sich von solch einer

---

11 Vater bzw. Papa auf Japanisch

emotionalen Rede nicht umstimmen lässt, dem ist nicht mehr zu helfen."

„Halt doch die Klappe", knurrt er, sieht aber dennoch fröhlich aus.

Auch ich bin erleichtert, sehr sogar. Und überrascht. Ich hätte niemals gedacht, dass er Shin und seine neuen Eltern verlassen würde, nur um mit mir nach Kyoto zu gehen.

Eine Weile schlendern wir weiter und der Regen lässt nach, sodass wir die Schirme nicht mehr brauchen. Die Bäume zu beiden Seiten wanken leicht in einer Brise und ab und zu kommt ein Fußgänger an uns vorbei. Ich muss sagen, dass mir dieser Teil des Yanaka-Friedhofs gefällt. Keine Gräber, dafür im Frühling ein Haufen Kirschblüten.

Wir beide hängen wieder unseren eigenen Gedanken nach, nur diesmal sind meine nicht so deprimiert wie noch vor wenigen Minuten. Ich habe eher das Problem, wie ich eine Wohnung auftreiben soll, die groß genug ist. Ich allein bin ja nicht so anspruchsvoll, aber Yurio will ich kein Drecksloch antun.

Ganz zufrieden scheint auch er nicht zu sein, denn nach ein paar Minuten hält er wieder an und dreht er sich zu mir um. Auf seinem Gesicht liegt eine seltsame Mischung aus Unbehagen und Entschlossenheit. Ich ziehe eine Augenbraue hoch und warte auf sein Anliegen.

„Du erinnerst dich doch an vor zwei Jahren, oder?", bringt er schließlich hervor.

Ich nicke und warte, worauf er hinaus will.

„Ich meine den Tag vor der Prüfung."

Wieder nicke ich nur. Das ist ein Ereignis, das ich eigentlich lieber vergessen würde.

„Also … da war ja dieser Vorfall", murmelt er.

„Mit Okaa-sama[12]?", ergänze ich fragend. Was will er mir denn mitteilen?

„Das meine ich nicht."

Ich sehe ihn weiter an, dann lächle ich. „Mit dem Kuss?" Damit habe ich voll ins Schwarze getroffen, denn Yurios Wangen werden schon wieder rot. Ich finde ja, das passt zu seinem Eyeliner.

„Ja." Mehr will er anscheinend nicht sagen. Er ist wirklich zurückhaltend, wenn es um so etwas geht. Süß.

Ich verdrehe die Augen. „Ich habe dir doch gesagt, du sollst das vergessen", erinnere ich ihn, auch wenn ich eigentlich etwas anderes sagen will. „Du brauchst auch keine Bedenken zu haben, wenn du mit mir zusammen wohnst. Ich habe dir versprochen, dass ich es nicht mehr tun werde."

„Darauf wollte ich gar nicht hinaus", murmelt Yurio. „Das, was ich damals gesagt habe, meinte ich auch so."

Vergessen müssen wir es nicht, nur vielleicht fürs Erste hinten anstellen.

Natürlich erinnere ich mich an diesen Satz. Er war meine Hoffnung über die letzten beiden Jahre hinweg, dass wir doch mehr als Freunde sind … oder werden können. Deshalb kreisen gerade auch Hunderte von Dingen in

---

12   ein sehr respektvoller Ausdruck für die Mutter eines anderen

meinem Kopf, die ich gerne dazu sagen würde. Doch ich will ihn zu nichts drängen, also frage ich unschuldig: „Und was genau meintest du?"

Aufgebracht sehen mich seine blauen Augen an. „Hör auf, dich unwissend zu stellen, du weißt genau, wovon ich rede!"

Ich grinse und zucke mit den Schultern. „Nope, ich habe keine Ahnung, was du mir sagen willst." Es ist so leicht, ihn zu ärgern.

Doch statt zu antworten packt Yurio meinen Kragen und zieht mich zu sich hinunter. Normalerweise würde er das nicht schaffen, weil ich stärker bin als er, doch er hat das Überraschungsmoment auf seiner Seite, daher gebe ich nach und stolpere nach vorn. Im nächsten Moment liegen seine Lippen auch schon auf meinen. Ein aufgeregtes Kribbeln durchfährt meinen Körper, so als hätte er die ganze Zeit nur darauf gewartet, und ich wage nicht einmal, zu atmen, um den Augenblick nicht zu zerstören. Sachte erwidere ich den Kuss und lege dabei meine Hand auf seinen nassen Hinterkopf.

Nach einiger Zeit, die mir wie Stunden und gleichzeitig viel zu kurz vorkommen, löst sich Yurio keuchend und mit knallroten Wangen von mir.

„Das hätte ich echt nicht von dir erwartet", gestehe ich nach ein paar Sekunden bewundernd und bin überrascht, wie ruhig und beiläufig meine Stimme klingt. In mir tobt nämlich ein Wirbelsturm.

„Und … was sagst du dazu?", murmelt Yurio.

Ich muss schon wieder grinsen. „Wozu?" Ich liebe es einfach, mich dumm zu stellen.

Er zögert kurz, lässt mein Verhalten jedoch unkommentiert und meint: „Dazu, dass wir vielleicht mal versuchen könnten, ein Date zu haben."

„Ich finde, das ist eine super Idee", flüstere ich und greife nach seiner Hand. Als ich sie berühre, zuckt er erst zurück, dann lässt er zu, dass sich unsere Finger verschränken.

„Wirklich?", fragt er. „Du findest mich nicht zu komisch?"

Ich schüttele den Kopf. „Natürlich nicht. Ich war schließlich derjenige, der die ganze Zeit gehofft hat, dich wiederzufinden."

„Und du findest es auch nicht schlimm, dass ich nicht so talentiert bin wie du?" Vorsichtig beobachtet er meine Reaktion. Das alles scheint ihm große Sorgen bereitet zu haben. „Oder dass ich jetzt nicht mehr so viel Geld habe?"

„Nein, wieso sollte ich? Glaub ja nicht, du musst irgendwelche Anforderungen erfüllen, damit ich dich mag. Ich habe dir zwar Nachhilfe gegeben und dich auch erst durch deine Spende damals kennengelernt, aber das erwarte ich nicht von dir." Weil ich der Versuchung nicht widerstehen kann, beuge ich mich zu seinem Ohr vor und wispere: „So wie du jetzt bist, bist du perfekt." Allein die Nähe zu seinem Kopf lässt mich spüren, wie warm dieser ist. Hoffentlich läuft er nicht heiß und stürzt ab.

„D-dann ist ja gut", stammelt Yurio.

Ich nicke nur, beuge ich mich vor und küsse ihn sanft auf die Wange. Ich kann es noch gar nicht glauben, dass endlich die Chance besteht, mehr als Freunde zu werden. Ohne mich zurückzuziehen, taste ich mich weiter nach hinten vor bis kurz vor seinem Ohr.

Yurio zieht die Luft zwischen den Zähnen ein. „Was wird das denn?", presst er hervor, macht aber keine Anstalten, sich zu bewegen.

Ich kichere. „Stehen Emos nicht auf Friedhofdates?"

„Hey, wir sind nicht mal mehr auf dem Friedhof und außerdem bin ich kein Emo!", empört er sich.

„Ja ja", säusele ich. „Den Eyeliner beachten wir einfach nicht."

„Den – du hast doch gesagt, der würde mir stehen!"

„Ich habe ja auch nichts dagegen einzuwenden", versichere ich, dann bringe ich mein Gesicht vor seines. „Du siehst toll aus mit Eyeliner."

Sofort wendet er seinen Blick ab. „D-danke."

Lachend lasse ich meinen Blick über ihn schweifen. Seine dunklen Haare, in denen immer noch ein paar Kirschblütenblätter hängen, sind ganz zerzaust und seine Wangen nach wie vor gerötet. Er sieht niedlich aus, vor allem in der schwarz-weißen Schuluniform, die er seit neustem trägt und deren Ärmel ihm ein bisschen zu lang sind.

Der Frühlingswind pustet mir durchs Gesicht und erst jetzt merke ich, dass der Regen vollständig aufgehört hat.

Bald sind die Abschlussprüfungen und wir ziehen nach Kyoto. Ich bin wirklich gespannt auf all das, aber egal wie die Daigaku ist, solange Yurio mitkommt, habe ich die Hoffnung, dass alles gut wird.

Es ist genau so, wie wenn man dem Regen Sonne beimischt – dann taucht ein Regenbogen auf und die Welt erscheint nicht mehr so grau wie zuvor.

DANKSAGUNG

Und schon ist das Buch fertig. Ich kann es noch gar nicht wirklich glauben, dass die Geschichte von Yurio und Akira vorbei sein soll. Einerseits bin ich erleichtert, andererseits natürlich ein bisschen traurig, weil es wirklich Spaß gemacht hat, die Reise der beiden zu Papier zu bringen.

Deswegen bedanke ich mich auch zuerst bei meinen Charakteren, ohne die dieses Buch nicht existieren würde.

Darüber hinaus geht mein Dank an Silke K. Weiler, die das Korrektorat und Lektorat von „Ame no Ato" übernommen hat.

Auch bei Lou-kun (Instagram: @lou4kun) muss ich mich sehr bedanken. Er hat das Cover total schön gezeichnet.

Und last but not least möchte ich auch meiner guten Freundin Chiara Danke sagen. Sie durfte das Buch vorab lesen und hat

einen sehr guten Job als Testleserin gemacht.

Natürlich bedanke ich mich auch bei Dir,
liebe:r Leser:in, und hoffe, Dir hat mein Debüt
gefallen.
Und vielleicht sehen wir uns in meinem
nächsten Roman wieder.

Bis dahin *Sayoonara* und *jaa mata*!